魯迅愛過的人

蔡登山 著

寫在《魯迅愛過的人》前面

　　大約十三四年前，我的第一位臺灣朋友雷驤兄滿世界探訪故人的足跡，來到北京拍攝《作家身影》的時候，我有幸認識蔡登山先生。他的敬業精神，一如當時來北京創業的臺灣同胞，令我敬佩。而他對中國作家的熱情，對他們生平和著作的熟悉，尤其是對於相關回憶錄和研究著作的瞭解，實在出乎我的意料，不僅暗暗驚喜。十幾年來，他每次蒞臨北京，會面暢談，都是一件快樂的事。

　　今年蔡先生得中秋包機直航之便，攜他的新著稿本《魯迅愛過的人》來北京，命我在前面寫幾句話，卻使我頗覺為難。是的，卻之不恭。雖說魯迅的理想是「人類最好是彼此不隔膜，相關心」，何況海峽兩岸書同文，文化同根，閱讀沒有技術障礙，彼此理應了然於心。然而，「書面得來終覺淺」，何況書面的東西也少，我對臺灣的讀書界，尤其是青年朋友還是感到非常陌生。寫什麼，怎樣寫才好呢？先賢有言：「酒逢知己千杯少，話不投機半句多」，畢竟是人情之常。而無的放矢和無病呻吟，又都是作文的大忌。我只好勉為其難了。

《魯迅愛過的人》，這題目在海峽對岸我不知道會有怎樣的「第一印象」？而我的「第一印象」，卻是和「魯迅罵過的人」是一副對子；然後就會痛苦地想到：如今竟然是大談「魯迅身邊的女人」，魯迅的「情愛」乃至「性愛」竟至于何年何月何日何時「性交」，乃至在何地第一次的時代了。不是小市民的喊喊嗺嗺，而是峨冠博帶、西服革履的「魯迅研究專家」在講壇，在書本上喊喊嗺嗺。我不知道臺灣讀者想像得到嗎？這樣的作者其實都熟悉魯迅著作，都知道魯迅指出過「勇士，也戰鬥，也休息，也飲食，自然也性交」，但也知道魯迅提出過一個願望：「從此眼光離開臍下三寸。」今年距離魯迅逝世七十年了，還改不了這種心思；甚至於今為烈，有什麼辦法呢？因之拜讀了蔡先生的大著稿本，我佩服他的眼光開闊，志存高潔，趣味清醇。他寫的自然有「愛情」和「無愛情」；但他沒有偷窺的心思，不帶猥褻的眼色。他以平常的心，「同情的理解」講述舊時代前輩人愛情的困苦與兩難的處境。他更講述魯迅的兄弟情，友情，人情；娓娓道來的是魯迅和許壽裳、臺靜農、蕭紅、曹聚仁和內山完造的情誼。尤其難能可貴的是，蔡先生不僅熟悉魯迅和他的朋友的著述，對於魯迅研究者的相關著作，也都熟悉，而且作了必要的引徵。這對於讀者固然大有裨益，就是對於我，也時有「他/她還寫過這樣的文章呀」的發現。

大陸的熱門話題，是「魯迅罵過的人」。用這個題目開會研討學術，用這個題目寫書作文。人們難得去瞭解魯迅的愛。蔡先生則不同，他專門書寫魯迅的愛，不是講道理，而是講事實。一個人愛一個人很平常，愛親人也很平常，血緣是動物割不斷的根，何況我

們中國的儒家有「親親」的大綱大道理;而愛大眾卻是很不平常、很難的了,雖然墨子講「兼相愛」也有幾千年的歷史。在講愛的方面,魯迅也有特別的地方。在固守「父為子綱」的社會和時代,他反對講「恩」,提倡「自然的愛」。在固守「夫為妻綱」的社會和時代,他反對講「節烈」,提出男女雙方要「自他兩利」,平等相愛。在固守「君為臣綱」的專制社會,他反抗專制,提出大眾「一要生存,二要溫飽,三要發展。有敢來阻礙這三事者,無論是誰,我們都反抗他,撲滅他」,也就是人人理應是獨立的,平等的,自由的,是自己命運的主人;人人理應人道地對待別人,而「人道是要各人竭力掙來,培植,保養的,不是別人佈施,捐助的」。

魯迅的愛是具體的,魯迅的愛又是博大的。他創作,他說:「創作總根於愛。」;他諷刺,他說:「諷刺作者雖然大抵為被諷刺者所憎恨,但他卻常常是善意的,他的諷刺,在希望他們改善,並非要捺這一群到水底裏。」他生於晚清,參與革命;中華民國成立,他參與建設,曾經身為民國政府的事務官和特約研究員,他反抗民國的專制統治者,無論是北洋軍閥還是國民黨,他說:「我的愛護中華民國,焦唇敝舌,恐其衰微」。魯迅不愛仇讎:他有分明的是非,熱烈的愛憎。他認為「從聖賢一直敬到騙子屠夫,從美人香草一直愛到麻瘋病菌的文人,在這世界上是找不到的,遇見所是和所愛的,他就擁抱,遇見所非和所憎的,他就反撥。」這就是魯迅的「愛」。

借此機會,謹向蔡先生表示一個愛讀魯迅的老人的敬意和感謝。詩云「嚶其鳴矣,求其友聲」,也謹向臺灣的讀者朋友致意。

　　　　王得后　二○○六年十月九日星期一　在北京

目錄

橫看成嶺側成峰

——多重視角回看魯迅

在二十世紀的中國文化中，魯迅是無法迴避的人物，不管你喜不喜歡他，他永遠是個存在。於是百年以來，人們歌頌他、詆毀他、研究他，終其目的，無不在找尋魯迅的真正形象。一九三六年十月十九日清晨五時，魯迅悄悄地離開人世。據電影界、文學界、報界的前輩柯靈先生的現場報導，當天下午二時左右，明星影片公司為了紀念一代文豪的逝世，由歐陽予倩、程步高、姚克先生率領攝影人員到魯迅的寓所拍攝新聞影片。六十年後我們在拍《作家身影》時，柯老依舊如數家珍地向我們述說這件往事，這或許是有關魯迅僅存的紀錄片，不過也是在他死後拍的，至於生前的音容笑貌、言談舉止，恐怕只能從照片和相關文字中去捕捉了。

魯迅的日本友人增田涉在他的〈魯迅的印象〉中，引述曾是魯迅的朋友，後來又變為情敵的高長虹的回憶說：「我初次同他談話的印象，不但和人們傳說中的魯迅不相

魯迅生命的最後一天

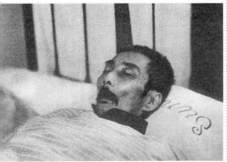

魯迅在1936年10月19日晨5時25分，走完人生最後一程。

同，也不像《吶喊》作者魯迅」。增田涉表示亦有同感，他說：「文章中看到的魯迅和直接對談的魯迅情況不一樣。沒有嚴厲的臉色或說話，常常發出輕鬆的幽默，笑嘻嘻的、胸無城府的人，和他一道相對著，我沒有感到過緊張。在文章中看到的俏皮和挖苦連影子都沒有，倒像個孩子式的天真的人。」而在魯迅的友人兼研究者馮雪峰的印象中，「魯迅先生對一切好的青年都不自覺地流露著『父親』的感情的。」受魯迅提攜的青年作者蕭紅的回憶也有類似的印象。而蕭紅在〈回憶魯迅先生〉中，更看到了「魯迅先生的背影是灰黑色的」；增田涉則感受到「這時的魯迅是在月光裡……在月亮一樣明朗，但帶著悲涼的光輝裡，他注視著民族的將來。」這正如我們在《野草》中所看到的魯迅，那個在歷史荒原上發出受傷的狼般悽愴的嗥叫的「過客」，他明知前面沒有路，也要「跨進刺叢裡姑且走走」，都是魯迅靈魂深處的形象。而前後這兩種形象，都同具有真實性，是

魯迅思想、性格不同層次、不同側面的
顯現，因此你可以感受「橫眉冷對千夫
指」的孤憤，也可以細品「俯首甘為孺
子牛」的慈祥。

　　當然，不同時代、經歷、觀點的
人們對魯迅的理解呈現了不同的魯迅形
象和魯迅世界，但更主要的因素在於魯
迅自身的複雜性，導致人們對他做出多
元的解讀。學者汪暉指出魯迅精神結構
中充滿了悖論：「他否定了希望，但也
否定了絕望；他相信歷史的進步，又相
信歷史的『循環』；他現身於民族的解
放，又詛咒這樣的民族的滅亡；他無情
地否定了舊生活，又無情地否定了舊生
活的批判者──自我……魯迅以他全部
的人格承擔了二十世紀中國面臨的無比
複雜的問題，他以自身的複雜性證明了
中國和世界的當代困境和抉擇的艱難。
魯迅的深刻之處，在於他代表了所處
時代的理想，卻又表達了對於這樣理想
的困惑；換言之，他沒有試圖用簡單化
的方式解決他所面臨的一切問題，相反
的，面對複雜的世界，他努力使自己變

魯迅在微笑

魯迅在書房

得『複雜』起來：既從世界，也從中國；既從民族，也從個人；既從理論，也從經驗；既從歷史，也從未來……把握這廣闊、深邃、變動的世界。」[註1] 這或許可說是探索魯迅心靈首先該有的認知吧。

然而，世上知音有幾人？魯迅說過，他不輕易在作品中坦露自己的血肉，他說：「我思想太黑暗，而自己終不能確知是否正確之故。」「怕我未熟的果實偏偏毒死了偏愛我的果實

《野草》書影

魯迅北京西三條故居的「老虎尾巴」

4

的人。」於是在寫作中，魯迅「刪削些
黑暗，裝點些歡容」，將悲觀意識和虛
無情緒擠到潛意識的暗區。但是長久的
壓抑畢竟太難忍受，於是我們獲得一次
幾乎是絕無僅有的機會，得以通過《野
草》打開魯迅心靈的奧秘。

　　魯迅曾明白告訴別人，說他的哲
學都包括在《野草》裡面，因此可以
說，《野草》是魯迅對自己心靈深處的
一次逼視。《野草》寫於一九二四年到
一九二六年間的北京，七十年後的夏、
秋之交我們來到北京阜成門外西三條
胡同的魯迅故居拍攝外景。那是當年魯
迅親自設計改建而成的一座小四合院，
北屋由外間向北延伸出去一間平頂的
灰棚，是魯迅的臥室兼工作室──「老
虎尾巴」。這間書屋雖然房頂矮，形似
「斗室」，然因北牆上部全是玻璃窗，
即可看見大片碧藍的天空，又可透進充
足的光源，因之雖僅方丈，但並不覺得
悶促。窗外是個小小的後園，園正中有
一口小井，周圍沿著三面牆根，栽植著
幾株青楊、花椒、臘梅和碧桃等。再

魯迅的詩句

5

向園外望去，聽說原有兩株鑽天的棗樹，但已被砍去了。《野草》中除了後兩篇和題辭之外，有二十一篇在這裡寫成。當時社會的黑暗、群眾的麻木和青年的消沉、軍閥的暴虐，「四面都是灰土」的氛圍，撞擊在冷酷的現實上的昔日遠大的抱負；加上臨歧徬徨的思想矛盾，和不斷前來糾纏折磨人的病魔，及文人學者造謠中傷的鬼魅伎倆……這一切彼此交織，使魯迅的情感，達到十分地激越、強烈，內心充滿劇烈衝突，而到難以平復的狀態。苦悶、焦灼、激憤、哀痛、悲涼、孤獨、憎惡、徬徨、決絕，這些情緒彼此交揉在一起，相互加重和強化，使他覺得在那人生的戰場上，只剩散兵游勇，布不成陣，而他也只能「荷戟獨徬徨」了。

而魯迅對孤獨、寂寞、絕望、反抗、悲劇感等等心理狀態和現實際遇，有著充分的自覺，他不斷的自我深省、自我澄明。他說：「我的確時時解剖別人，然而更多的是更無情面地解剖自己。」又說：「我知道我自己，我解剖自己並不比解剖別人留情面。」因此他對於一切事物和人生，都比別人看得深刻尖銳。能從事物的現象看到事務的本質，從事物的表面看到事物的裡層，甚至反面。於是在別人的狂熱中，他感到寒冷和凜冽。他在給許廣平的信中說：「我的作品太黑暗了，因為我常覺得，唯黑暗與虛無乃是實有，卻偏要向這些作絕望的抗戰……。」又在給趙其文讀者，談到《野草》中〈過客〉的信中說：「〈過客〉的意思，不過如來信所說那樣，即是雖然明知前路是墳，而偏要走，就是反抗絕望。因為我以為絕望而反抗者難，比因希望而戰鬥者更猛、更悲壯。」魯迅既清醒地正視嚴峻的現實，又不簡單地服從客觀的因果必然律。哪怕寡不敵眾，也要「絕望的抗戰」；

分明時處子夜，偏要「與黑暗搗亂」。

　　魯迅「反抗絕望」的精神，幾乎貫串著《野草》各篇，特別在〈希望〉、〈過客〉、〈死火〉中，表現得更為明顯。在〈死火〉中，魯迅為了喚得民眾的覺醒，他自我犧牲哈哈笑著墜入冰谷，為的是救出他們；但當他發現「庸眾」自己寧願忍受嚴寒，他曾想過，他又何必救出他們，而向冰車作自殺式的突擊呢？但魯迅畢竟是魯迅，他最後認為，留在冰谷，「我將凍滅」；走出冰谷，「我將燒完」。與其凍滅，不如燒完。學者王曉明認為魯迅是「現代中國最苦痛的靈魂」，而苦痛的原因相當複雜，但那種因為不能容忍現實的黑暗，就迫不及待地想改變現實的衝動，無疑是主因。這種「過於入世」，也是魯迅屢次承認自己太「峻急」了，但它也成就了魯迅獨特的形象。

　　因此我們可以試圖從魯迅的「敵」與「友」中，去窺探他們眼中各自不同的魯迅形象。當然，此處的「敵」，指「論敵」，並非一般所謂的敵人。而這些曾被魯迅「罵過」的人，極多數是因為在立場上或看法上，和魯迅有異，並事先「罵」了魯迅，才引起魯迅的回罵。因此，被魯迅「罵過」的人，不能一概看成「壞人」，更不能看成青面獠牙、獐頭鼠目的惡棍。實際上，他們更多是學者、作家、文人。曹聚仁在為魯迅作傳時，就說過：「筆者特別要提請讀者注意，並不是魯迅所罵的都是壞人，如陳源（西瀅）、徐志摩、梁實秋，都是待人接物很有分寸，學問也很淵博，文筆也很不錯，而且很謙虛的。有人看了魯迅的文章，因而把陳西瀅、梁實秋，看做十惡不赦的四凶，也是太天真了的——在魯迅的筆下，顧頡剛是十足的小人，連他的考證也不足道。其實，顧頡剛也是篤學君子，做考證，十分認真；比之

魯迅，只能說各有所長，不必相輕。」
[註2] 而在這些論戰過程，常因當時之政
治立場、情勢之複雜，而使得後人在解
說這些事件時，無法得窺全貌，其所做
出之結論，不免昧於事實，而失之主觀
之臆斷。而今日由於諸多史料的不斷出
土，在研究者的抽絲剝繭下，可說是使
得事件愈「剝」愈「明」。而這些逼近
事實的論斷，又構成二、三〇年代文壇
的面影。它已不僅是魯迅與「論敵」間
的個人恩怨，而是整個現代中國文學史
中，不可迴避的問題。

　　同樣地，魯迅「愛過」的人，也當
作如是觀之。這「愛過」是指廣義的，
包括愛情、親情、友情及師生之情，甚
至奉母命成婚的「無愛」之情。從魯迅
與朱安的「無愛」之情，你可以深深感
受到魯迅「背著因襲的重擔，肩著黑暗
的閘門」，那種無法言宣的「生命中難
以承受之重」。它同時映照出魯迅對愛
情的渴望，也才有後來與許廣平的師
生之戀。兩人的相知、相惜、相扶、相
護，完成了魯迅生命的「最後輝煌」，

魯迅在大陸新村寓所，1936年10月2日。

正如魯迅自己說的「十年攜手共艱危」。魯迅與周作人，兄弟怡怡四十年，但卻一朝反目，終成參商。分手後的兄弟，一個繼續「反抗絕望」，一個卻「臨歧徬徨」，於是不僅在文風上，更在政治生命上，走向涇渭分明的兩極。魯迅的早逝，卻死於庸醫的誤診。筆者從須藤的病歷報告，比對魯迅的日記，發現須藤延誤病情及篡改病歷的事實，證實了半個世紀前周建人的懷疑。魯迅的過早去世，而沒像周作人一樣地活到「文革」時期，是幸耶？抑或不幸耶？周作人是「壽則多辱」，而魯迅卻功成名就，歷史卻是如此地充滿弔詭。蕭軍、馮雪峰、胡風，可稱得上是「魯迅的傳人」，但由於他們「怒犯君威」，被毛澤東整得半死。魯迅若當時還活著，會是怎樣呢？是「靜默而生」呢？抑或是「寧鳴而死」呢？是文人千載的悲歌呢？抑或是文學與政治糾葛的宿命呢？

魯迅是「現代中國最痛苦的靈魂」，在「啟蒙」與「救亡」中，他「哀其不幸」、他「怒其不爭」，他是百年中國文化思潮中，無可迴避的存在。說不盡的中國，說不盡的魯迅！在他的「敵」與「友」之中，讓我們更看清魯迅的一些面影，這些面影不是傳記作者或是小說家筆下的魯迅，而是和魯迅實際接觸過的人的觀察。它們是那麼鮮活、那麼逼近事實地呈現在您的眼前，而成為您認識魯迅的另一個視角。

註1：見汪暉著《反抗絕望：魯迅的精神結構與「吶喊」、「徬徨」研究》，
　　　上海人民出版社，一九九一年。

註2：曹聚仁《魯迅評傳》，香港世界出版社，一九五六年。

第一章

生命難以承受之重

——魯迅與朱安

曾經有人這麼質疑：魯迅、胡適等一些號稱是「五四」時期反封建的旗手，在他們的人生的旅途上，卻成為封建禮教的屈從者。尤其是他們的婚姻，幾乎無一不是接受傳統禮教的包辦婚姻，以他們對禮教的反叛，再加上它們留日、留美，受異邦文明思潮的洗禮，卻接受教育程度極低、甚至目不識丁的女子為妻，豈不是可怪也歟？

殊不知，魯迅諸人，以其強烈反傳統主義者，終成為傳統之奴隸，其根源在於它們幾乎無一不是「寡母」撫育有成之孤兒。父親的早逝，孤兒寡母的困苦生活，使他們對母親產生了一種任何情感都無法取代的「寡母撫孤」情結。而儘管它們從理智上清醒地意識到母親為他們所做的事不合道理、不近人情，但往日生活中對母親不幸命運的同情和對母親撫孤的艱辛，令他們產生對母親意願的無力反抗。

魯迅曾說過：「母愛差不多是偉大而盲

魯迅的母親魯瑞

朱安（1878～1947）

目的」，這是凝聚多少生命體驗的肺腑之言。而胡適更形容，母親猶如「放高利債的債主」，他們這些孤兒終其一生都無法償還這筆債務。於是儘管有百般地不願意，他們也只能聽憑老人家的安排了。胡適曾於婚後不久向好友胡近仁透露心中的話：「吾之就此婚事，全為吾母起見，故從不曾挑剔為難。（若不為此，吾決不就此婚，此意但可為足下道，不足為外人言也。）今既婚矣，吾力求遷就，以博吾母歡心。吾之所以極力表示閨房之愛者，亦正欲令吾母歡喜耳。」而魯迅對於母親一手安排的婚姻，他也沒有半點反抗。後來他曾對好友許壽裳說：「這是母親給我的一件禮物，我只能好好地供養它，愛情是我所不知道的」。

「事母至孝」，成就他們的傳統美名，但換來的卻是他們在愛情上的悲劇——兩個毫無感情的人的終身廝守。胡適還算不錯，還生兒育女；而魯迅與朱安則過著徒有夫妻之名的無愛日子。魯迅明知無愛，卻又不得不接受，究其

原因，他日後説，一是為盡孝道，他甘願放棄個人幸福；二是不忍讓朱安作犧牲，在紹興，被退婚的女人，一輩子要受恥辱的；三是他當時有個錯覺，在反清鬥爭中，他大概活不久，因此和誰結婚都無所謂。就這樣他和朱安過著「無愛」的夫妻生活達二十個春秋。

因之，他們更渴望自由戀愛蠱魅的誘惑，所以胡適訂婚赴美留學期間，除了和康乃爾大學教授之女韋蓮司迸出的火花外，他還追過也是留美的中國才女陳衡哲。雖然兩次戀情都在外在環境或內在道德意識下，使得「發乎情，止乎禮」而不得不中途結束。但不能太傷母親的心，或許也是他考慮的因素。因此當胡母去世後，胡適再發生第三次戀情——與曹珮聲，就顯得是那麼熾熱與強烈。雖然最後在元配江冬秀的以「死」相逼下，並沒有成功，但曹珮聲永遠是胡適心頭「吹不散的人影」。而魯迅「無愛」的婚姻背後，卻是他甘願過著一種苦行僧式的生活達二十年（這也顯示出他驚人的意志力），但在潛意識

胡適（右二）與曹珮聲（右一）

魯迅讀書的「三味書屋」（郭宏東攝影）

深處，他並沒有放棄對真正的愛情理想的渴求。因此到了一九二五年在許廣平明顯占主動的情況下，他們終於自由地結合了。雖然這是魯迅生命的最後十年，但「十年攜手共艱危」，相濡以沫見真情，不能不說是遲來的幸福。

「寡母撫孤」，母親為孤兒做出巨大的犧牲，她們把自己的全部生命投入到兒子的愛中，她們認為兒子的命運，該完全掌握在她們自己的手中，因為她們要給孩子的是最好的。於是就像魯迅的三弟周建人回憶的：「母親極愛我大哥！也瞭解我大哥，為什麼不給他找一個好媳婦呢？為什麼要使他終身不幸呢？——那只有一種解釋，那就是，（她）認為朱安一定勝過她所有的姪女、甥女。」於是她們的「愛之，適足以害之」，這恐怕是這些摯愛子女的母親們，所始料未及的。而這種母愛，遂成為子女「生命難以承受之重」。於是魯迅、胡適諸人對封建倫理道德的無情批判，也許正是從自己不幸的人生遭遇中，而體會到封建文化的腐朽性。因為

不能說自己母親的不是，所以便控訴天下的父母；因為不能指責自己
母親的專橫，所以便控訴禮教吃人；正因為不能對自己的母親發難，
因此他們對社會的抨擊，就更聲嘶力竭、鏗鏘有力了。

當然，魯迅曾為了盡到孝心，而不願背逆母親，而接受與朱安的
婚姻，但他無法做到與朱安過美滿幸福的生活，實際上仍是傷了母親
的心；尤其是母親更因這不幸的婚姻而愧疚多年。據曾經和魯迅一家
住在一起的俞芳的回憶說，魯迅母親有一次和她談起魯迅、朱安兩人
的關係時，言語中頗多後悔之意，並說因為這件事，周作人、周建人
的婚事，她都沒有再作主。魯迅此時此刻似乎是把他深愛著的母親，
推向了永無休止的精神酷刑之中。而另一方面，魯迅與朱安「無愛」
的夫妻生活，對一個女性而言，是一個多麼大的傷害。終其一生都
在關注和探索女性的真正解放的思想家，卻無力擺脫封建傳統強迫他
再一手製造，一個「活寡」的可悲命運，這不能不說是造物者的「殘
酷」！！

一九三六年十月十九日，魯迅去世了。次日在北京的《世界日
報》題為〈周夫人述悲懷〉的報導說：「魯迅除有愛人許景宋女士
（案：許廣平）及一子，隨同在滬外，北平西三條二十一號寓所，尚
有八十餘歲老母，及妻朱女士。此處周家已寄寓十餘年，魯迅生前在
北平時，即寓於斯。其寓所為一小四合房，記者投刺後，即承朱女士
延入當年魯迅之書齋接見，室中環列書箱書櫥甚多，東壁是魯迅速寫
像一幀，陳設樸素。朱女士年已屆五十八歲，老態龍鍾，髮髻已結白
繩，眼淚盈眶，哀痛之情，流露無遺。記者略事寒暄後，朱女士即操
紹興語談前兩週接其（指魯迅）由滬來信，索取書籍，並謂近來身體

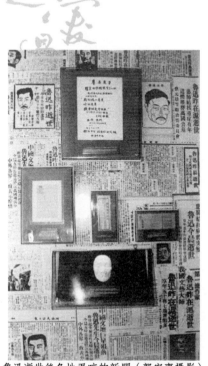
魯迅逝世後各地弔唁的新聞（郭宏東攝影）

許廣平在抄寫《魯迅日記》，1944年。

漸趨痊復，熱度亦退，已停止注射，前四日又來信謂體氣益好。不料吾人正欣慰間，今晨突接噩耗，萬分悲痛。本人本擬即日南下奔喪，但因阿姑（案：指魯瑞）年逾八旬，殘年風燭，聆此消息，當更傷心，扶持之役，責無旁貸，事實上又難成行，真使人莫知所措也。記者以朱女士傷感過度，精神不佳，不敢過事長談，遂即告辭。」次日《北平晨報》介夫寫了〈中國名作家魯迅夫人訪問記〉報導了朱安在北平為魯迅設靈堂，另周作人談魯迅的「個性偏強」，並說不擬赴滬奔喪。

　　魯迅逝世後，好友許壽裳為撰寫《魯迅先生年譜》，特寫信給許廣平說：「年譜上與朱女士結婚一層，不可不提，希弟諒察。關於弟個人婚事，裳擬依照事實，真書『以愛情相結合……』並於民七特標『愛情之意見』一條，以示豫兄前此所感之痛苦。言隱而顯，想荷　諒解，如尊意以為未妥，仍可修改，務請相示為盼。」許廣平在接到信及年譜草稿後，認為：「朱

女士的寫出，許先生再三聲明，其實我絕不會那麼小氣量，難道歷史家的眼光，會把陳跡洗去嗎？關於我和魯迅先生的關係，我們以為兩性生活，是除當事人之外，沒有任何方面可以束縛，而彼此間在情投意合，以同志一樣相待，相親相敬，互相信任，就不必要有任何的俗套。我們不是一切舊的禮教都要打破嗎？所以，假使彼此間某一方面不滿意，絕不需要爭吵，也用不著法律解決，我自己是準備著始終能自立謀生的，如果遇到沒有同住在一起的必要，那麼馬上各走各的路……」。因此她希望許壽裳那充滿善意而且是事實的兩句話，「以愛情相結合，成為伴侶」，就直接改為「……與許廣平同居」，即可。

一九三七年七月二日，朱安請魯迅的學生、摯友宋琳代筆寫一封全權委託書給許廣平——

景宋女士：聞　先夫魯迅遺全集全部歸商務印書館出版，姊甚贊成，所有一切進行及訂約等事宜，即請女士就近與該書館直接全權辦理為要。女士回平如有定期，祈先　示知，以免老太太懸念。其餘一切統俟面談　此頌時祺並祝　嬰兒健康！

姊朱氏裣祉　七月二日

這其間許廣平雖處艱難困厄中，仍全力籌措，按月供給北平的婆婆和朱安夫人一百元，從未間斷，如魯迅生前一般。尤其是後來全集印出，許廣平總共得到四千多元版稅，她馬上拿出一千三百多元，作為周老太太和朱安夫人的生活費，剩下的還了魯迅的藥費和治喪費，再剩下的，才是她和海嬰的生活費。

一九四四年八月廿五日《新中國報》刊出一則消息說：「魯迅先生在平家屬擬將其藏書出售，且有攜帶目錄向人接洽。」許廣平十分

震驚，馬上在九月十日的《申報》上發表〈許廣平關於魯迅藏書出售問題啟事〉，鄭重指出：「魯迅先生終生從事文化事業，死後舉國哀悼，故其一切遺物，應由我全體家屬妥為保存，以備國人紀念。況就法律言，遺產在未分割前為公同共有物，不得單獨處分，否則不能生效，法律有明文規定。如魯迅先生在平家屬確有私擅出售遺產事實，廣平等絕不承認。」但此事對朱安而言，確實有苦衷，九月二十三日，她請人代筆，給內山先生寫了一封信中說：「到了日暮途窮的現在，我也仍舊知道名譽和信用是很可寶貴的。無奈一天一天的生活壓迫，比信用名譽更要嚴重。迫不得已，才急其所急，賣書還債，維持生命。倘有一籌可展，自然是求之不得，又何苦出這種下策呢！」。

一九四五年十二月十九日，北平《世界日報》刊登了署名為「海生」的一篇文章，呼籲人們「為魯迅先生的遺族和藏書盡一點力」。同月廿九日《世界日報》編輯部，派出記者去拜訪朱安，並轉達讀者的慰問及轉交因雲先生的捐款。在三十一日刊出的採訪報導如下──

一盞昏黃的電燈，先讓我看清楚的是桌子上的飯食。有多半個小米麵的窩頭擺在那裡，一碗白菜湯，湯裡有小手指粗的白麵做的短麵條（有人管這叫「撥魚」），另外是一碟蝦油小黃瓜，碟子邊還放著蝦油醃的尖辣椒，一碟醃白菜，一碟霉豆腐。這就是魯迅夫人當天的晚餐，沒有肉也沒有油，沒有一個老年人足夠的營養！

夫人的個頭很矮，一身黑色的棉褲襪，在短棉襖上罩著藍布褂，褂外是一件黑布面的羊皮背心。頭髮已經蒼白，梳著一個小頭，面色黃黃的；但兩隻眼，在說話的時候，卻還帶著一閃一閃的光芒。

　　我先說明了來意，魯迅夫人連說了好幾個「不敢當」，並叫我向一切同情關切魯迅先生和她本人的人們道謝。以後，我就把因雲先生的那封信和所附的法幣四百元拿出來。夫人把信接過去，到房外找同院的一位先生給看了看，回來說可惜沒有姓，同時好像也不是真名。對那四百元，卻始終不肯拿，只說盛意是可感的，但錢卻不能收，因為生活一向是靠上海的許先生（按即許景宋女士）給她帶錢，沒有上海方面的同意，另外的資助是不好接取的。據說：由於前幾天朱、徐兩先生的好意，夫人已經給上海寫信去了。

　　魯迅夫人又說，最近曾收到沈兼士先生送來的一筆款子，是國幣五萬元。這筆錢，本來是上海的許先生託沈先生帶的，但沈先生當時並沒有拿那筆錢，只說到北平一定給魯迅夫人送一點款子去；結果，錢是送到了，然而並不是許先生託帶的，而是沈先生自己跟幾位老朋友湊起來送的。

　　……夫人說，這間屋子還保持原來的樣子，一點沒有動，一切都跟魯迅先生生前布置一樣。我看了看，不禁想起：就在這套間之內的北窗下，魯迅先生的為人類的筆墨辛勞。

　　夫人今年六十七歲，比魯迅先生大兩歲。海嬰，魯迅先生的遺孤，據說已經十七歲了。夫人說的是紹興話，略帶一點所謂京腔；我是靠了別人的翻譯，才能完全聽懂的。

　　同魯迅夫人，談了大約有一個鐘頭。夫人談到交通的不便，談到物價的飛騰……她說：「八年了，老百姓受得也盡夠了，然而現在，見到的還是不大太平！」說完了，冷酷地笑了笑，接著又有幾聲咳嗽。夫人說：這些天身體總不大好，常常喘，可是血已經不吐

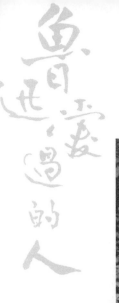

魯迅北京西三條故居

了。想到夫人的身體，想到夫人的年紀，再想到那沒有足夠營養的飯食，我好像沒有話可以說了。

六點多鐘，向夫人告別。夫人送到房門，還不斷地叫我代她向一切關切魯迅先生和她本人的人們道謝。在寒風凜冽中，走著黑暗的西三條，天邊好像有一顆大星在閃耀。同行者沒有言語，我也沈默著。

對於許廣平從不間斷地接濟她的生活費用，朱安是十分感激的，在她給海嬰的信中就說：「值茲上海百物高漲，生活維艱之秋，還得堂上設籌接濟我，受之雖飢寒無虞，而心中感愧，實難名宣。」

一九四七年六月廿九日晨，朱安走完了她人生的最後一程，那是在她婆婆去世（一九四三年四月二十二日）的四年後。許廣平當日收到喪電，即匯一百萬元法幣，以作喪葬費用。次日接三念經。第三日安

葬，葬在北京她婆婆魯瑞的墓旁。沒有墓碑。沒有行狀。不知她的父母。不知她具體的生辰。一年之後，許廣平在一篇文章裡這樣寫道：「魯迅原先有一位夫人朱氏……她名『安』，她的母家長輩叫她『安姑』……」。世事茫茫，人間滄桑，許廣平是第一個為朱安女士留下真名字的人。

而朱安在過世前曾說過她和魯迅及許廣平的關係，她說：「周先生對我並不算壞，彼此間並沒有爭吵，各有各的人生，我應該原諒他。……許先生待我極好，她懂得我的想法，她肯維持我……她的確是個好人。」

朱安是舊式婚姻的犧牲者，她無辜，她不幸，她的生命可說是灰暗而寂寞，用她自己的話說，就像一隻默默的艱難爬行的蝸牛，牠不知道何時可以爬行到頂端，或許從來就沒有那麼一天。她在孤獨中度過了淒苦的一生，寒日無言，斜暉脈脈，是那麼樣地蒼涼。

第二章

十年攜手共艱危

——魯迅與許廣平

一九三四年十二月九日，魯迅購得《芥子園畫譜》三集，是上海有正書局的翻造本。原刻難得，翻本無勝於此者，魯迅以此贈妻子許廣平，並題詩一首，云：

> 十年攜手共艱危，以沫相濡亦可哀；
> 聊借畫圖怡倦眼，此中甘苦兩心知。

一九三六年十月十九日凌晨五時二十五分，魯迅病逝上海大陸新村寓所。再十年的一九四六年十月，許廣平寫了一篇〈十周年祭〉，回首當年道：

> 嗚呼先生，……十載恩情，畢生知遇，提攜體貼，撫盲督注。有如慈母，或肖嚴父，師長丈夫，融而為一。嗚呼先生，誰謂荼苦，或甘如飴，唯我寸心，先生庶知。

這一詩一文，包含著兩人多少辛酸血淚、多少相愛相知，多少生死情誼！亦可看做是魯、許《兩地書》的延續！

魯迅說：「《兩地書》其實並不像所謂『情書』，一者因為我們通信之初，實在並

《兩地書》書影

王得后著《〈兩地書〉研究》書影

沒有什麼關於後來的預料的；二則年齡、境遇都已傾向了沉靜方面，所以絕不會顯出什麼熱烈。」「其中既沒有死呀活呀的熱情，也沒有花呀月呀的佳句。」學者王得后先生在《『兩地書』研究》[註1] 一書中指出，《兩地書》不是所謂「情書」，卻是別具一格的情書，很有風格的情書。魯迅與許廣平的通信，原信現存一六〇封，其中魯迅致許廣平有七十八封；許廣平致魯迅的有八十二封。收入《兩地書》的是一百三十五封。其中魯迅致許廣平的六十八封；許廣平致魯迅的六十七封。《兩地書》是一九三二年十一月編好的，因此在這之後有十八封來不及編入，而真正在這之前有而沒編入的只有六封半。王得后先生曾就原信與《兩地書》的文字作校讀，指出他們在編定《兩地書》的時候，對原信做了許多增刪修改，特別是許廣平的信，文字的修改很多，有的信常常是整段整段地刪去。但卻也不是為了藏匿什麼隱私，因為所謂隱私的東西，原信中一點也沒有。比起《兩地

書》來，原信自然更豐富，更生動，特別是有更多的細緻的心理活動的表現，但《兩地書》卻更準確、更精錬。

　　許廣平是廣東番禺人，生於一八九八年，比魯迅小十七歲。一九二三年秋天，魯迅應好友許壽裳之邀，到北京女子高等師範學校（一九二四年更名為北京女子師範大學）講課，就在這裡認識了許廣平。許廣平長得身材高大，而且總是坐在第一排，儘管如此，魯迅對這位外貌並不太出眾的廣東姑娘，並不會有很深的印象。而許廣平多年以後這樣回憶道：「突然，一個黑影子投進教室來了，首先惹人注意的便是他那大約有兩寸長的頭髮，粗而且硬，筆挺的豎立著，真當得『怒髮衝冠』的一個『衝』字。一向以為這句話有點誇大，看到了這，也就恍然大悟了。褪色的暗綠夾袍，褪色的黑馬掛，差不多打成一片。手彎上，衣身上許多補釘，則炫著異樣的新鮮色彩，好似特製的花紋。皮鞋的四周也滿是補釘。人又䯒落，常從講壇跳上跳下，因此兩膝蓋的大補釘，也遮

許廣平

魯迅1925年7月4日攝於北京

蓋不住了。一句話說完：一團的黑。那補釘呢，就是黑夜的星星，特別熠眼耀人。小姐們嘩笑了！『怪物，有似出喪時那乞丐的頭兒』。也許有人這麼想。講授功課，在迅速的進行。當那笑聲還沒有停止的一剎那，人們不知為什麼全都肅然了。沒有一個人逃課，也沒有一個人在聽講之外，拿出什麼東西來偷偷做。鐘聲剛止，還來不及包圍著請教，人不見了，那真是『神龍見首不見尾』。許久許久，同學們醒過來了，那是初春的和風，新從冰冷的世間吹拂著人們，陰森森中感到一絲絲的暖氣。不約而同的大家吐了一口氣回轉過來了……。」這樣的師生關係延續了一年多，直到一九二五年三月，由於許廣平寫信向魯迅求教，他們之間才有了進一步的接觸，原本疏遠的師生關係才有了突破。

傳記作家伊妮說[註2]，其實在這之前，許廣平曾和一位既是同鄉又是表親的青年李小輝相愛。李小輝原是想去法國勤工儉學的，因為錯過了考期，便進了北京大學。在經過一段短暫時間的相處後，兩人的感情有了突飛猛進的發展。不幸的是不久許廣平被傳染得了猩紅熱症，李小輝因經常來探視許廣平，也被傳染，結果是許廣平得到痊癒，而李小輝卻不治病亡。這個意外的噩耗直如晴天霹靂一般，幾乎將許廣平震懵了！因為這是她的初戀，也是她第一次勇敢地追求婚姻自由，然而這一切都幻滅了，她沈浸在一種無法自拔的巨大悲痛中，有一段好長的時間。事隔十八年，許廣平還這樣回憶著：「到了第十八年紀念的今天，也許輝的家裡早已忘了他罷？然而每到此時此際，霞的愴痛，就像那患骨節酸痛者的遇到節氣一樣，自然會敏感到記憶到的，因為它曾經摧毀了一個處女純淨的心，永遠沒有蘇轉。」

　　而魯迅在此時，是早已有了妻室。那是一九〇六年六月，當時在日本仙台留學的魯迅，忽然接到母親的來信，說是病重，讓他速速返國。魯迅一回到家，卻發現家裡張燈結綵，母親正在張羅為他娶媳婦呢。原來，母親聽到一個未經證實的流言，謂魯迅和一日本女人結了婚，而且有了孩子，經常攜兒子在東京街頭散步，母親感到驚駭不已，於是經由魯迅叔祖母藍太太的大兒媳謙少奶奶牽線，把藍太太的一位內姪女兒介紹了過來，成為魯迅的新娘子，名叫朱安，長得並不漂亮，額頭很明顯地朝前突出，小臉狹長，卻有一個顯得頗肥碩的鼻子。婚禮時，魯迅居然沒有半點反抗，他裝上假辮（因留日後已剪去辮子），帶了紅纓大帽，按照當地儀式，在新台門的神堂上，與朱安雙雙拜了堂，然後任由人扶著，像木偶人似的上了樓上的新房。可是那個新婚之夜，魯迅只是通宵達旦地看書，第二天，就搬到母親的房裡睡了。再過數天，就回日本繼續求學去了。後來他曾對好友許壽裳說：「這是母親給我的一件禮物，我只能好好地供養它，愛情是我所不知道的。」魯迅明知無愛，卻又不得不接受這個婚姻，據他日後解釋，一是為盡孝道，他甘願放棄個人幸福；二是不忍讓朱安作犧牲，在紹興，被退婚的女人，一輩子要受恥辱的；三是他當時有個錯覺，在反清鬥爭中，他大概活不久，因此和誰結婚都無所謂。就這樣他和朱安過著「無愛」的夫妻生活達二十個春秋，而朱安就一如傳統的紹興太太般地做著家務，奉養著母親。在魯迅和許廣平在上海定居後，朱安對曾是磚塔胡同的「二房東」之一的俞芳說：「過去大先生（指魯迅）和我不好，我想，好好地服侍他，一切順著他，將來總會好的。」朱安甚至還帶著無限的希冀說：「我好比一隻蝸牛，從牆根一

魯迅愛過的人

《兩地書》抄本

點一點地往上爬，雖然爬得慢，但我相信總有一天會爬到牆頂的，現在我沒有辦法了，我沒有力量爬了」。是的，可憐的朱安，她終究是無法爬到牆頂的，因為一個偉大而孤獨的靈魂需要慰藉，種種重大的精神創痛需要理解、需要溫柔的舐舐，這都不是她所能勝任的，於是許廣平取代了她。

《兩地書》共分三集。第一集是一九二五年三月十一日到七月三十日四個半月間在北京的通信。第二集是

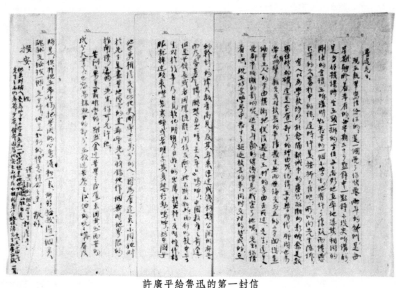

許廣平給魯迅的第一封信

一九二六年九月至一九二七年一月在廈門與廣州間的通信。第三集是一九二九年五月十三日至六月一日不到二十天間，北平與上海的二十二封通信。從前兩階段可看出兩人從師生關係到最後同居的過程。王得后先生指出，從寫信的態度和語氣可以看出，起初的通信的確不帶戀情，而是師生間關於教育問題、學生運動、刊物編輯、人生哲學諸問題的請益與教導。雖然一開始就同聲相應、同聲相求，表現出相當地推心置腹，但師生間嚴肅與莊重的氣氛洋溢於字裡行間，並無異性間的愉悅與追求。但大約經過一個月，當許廣平於四月十日敢於署名「（魯迅先生所承認之名）小鬼許廣平」，緊接著四月十二日許廣平拜訪魯迅在西三條的住所，十六日的信敢用「『秘密窩』居然探檢過了！」—「秘密窩」而帶引號，拜訪而用「探檢」，也就衝破了師生

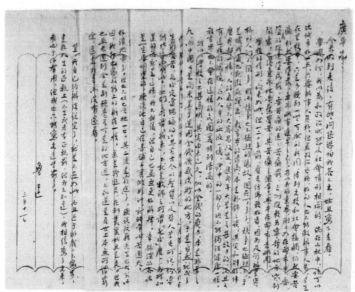

魯迅回許廣平的
第一封信

間嚴肅與莊重的氣氛，一種新的親暱的感情產生了。此後即彼此出題「考試」；在魯迅「即稱之為『少爺』，刺之以『細心』」，在許廣平則「敬領，罵好」；以至魯迅因「小鬼何以屢次誠惶誠恐的賠罪不已」而不安，而「闢謠」，而聲明「我我並不受有何種『戒條』。我的母親也並不禁止我喝酒。」「雖是太師母，觀察也未必就對，雖是太太師母，觀察也未必就對」。異性間相愉悅、相親愛，而唯恐產生誤解以至相離異的微妙心理，實已入木三分，躍然紙上了。而到六月二十五日這一天，是舊曆端午，魯迅請許廣平幾位女師大學生和俞氏姊妹（俞芬、俞芳、俞藻）吃飯，她們向魯迅勸酒，魯迅因高興而稍多喝了一點，於是「以拳擊『某籍』小姐兩名之拳骨」，又「按小鬼之頭」，於是許廣平等以為魯迅喝醉了而「逃」走。當天晚上或次日早晨許廣平給魯迅寫了封信，大概很作了一番文章。魯迅二十七日上午收到此信，於二十八日寫了回信，前半赫然是一篇「訓詞」（編入《兩地書》時以刪去，只存於原信），反覆申辯：「又總之，端午這一天，我並沒有醉，也未嘗『想』打人；至於『哭泣』，乃是小姐們的專門學問，更與我不相干。特此訓諭知之！」王得后先生指出，這篇「訓詞」最大的價值，大概是足可以證明魯迅和許廣平的感情已經相當深厚，別緻的格式、輕鬆的筆調、無拘無束的談吐，都是親暱的表現，從這以後的書信，是真正的一般人所謂的「情書」了。至於這之後有一年多沒有通信，並非感情有變化，而是兩人定情後的相互信任。

　　一九二六年八月二十九日，魯迅與許廣平同乘火車沿著京浦線抵達上海。九月二日清晨，她們又分別搭乘「新寧」輪到廈門，及「廣

大」輪到廣州。魯迅是應聘到廈門大學執教的，許廣平則回到故鄉發展自己的事業。臨分手時，他們約定：大家好好地為社會服務兩年，一方面為事業，一方面也為自己生活積聚點必需的錢。誰知，許廣平還在船上，就給魯迅寫道：「臨行之預約時間，我或者不能守住，要反抗的。」而魯迅剛到廈門，行李甫卸，也馬上就「覺得太閒，有些無聊，倒望從速開學，而且合同的年限早滿」。相互之間流露出多麼熾熱的戀情與難耐的心境！《兩地書》的第二部分即是這段期間的相思之情，我們看到許廣平的回信：「My dear teacher! 你為什麼希望『合同年限早滿』呢？你是因為覺得諸多不慣，又不懂話，起居飲食不便麼？如果對身體的確不好，甚至有妨健康，則還不如辭去的好。然而，你不是要『去作工』麼？你這樣不安，怎麼可以安心作工？！你有更好的方法解決沒有？或者於衣食，抄寫有需我幫忙的地方，也不妨通知，從長討論。」多麼溫情的撫慰，多麼體貼的「從長討論」啊！他們為了愛情而飽受苦難，磨練了意志，最後享受了歡欣！我們看一九二七年一月十一日，魯迅給許廣平的信說：「我先前偶一想到愛，總立刻自己慚愧，怕不配，因而也不敢愛某一個人，但看清了他們的言行的內幕，便使我自信我絕不是必須自己貶抑到那樣的人了，我可以愛。」一切似乎是苦盡甘來，有情人終成眷屬！

然而這其間卻發生了「高長虹事件」的插曲，在他們的愛河中激起了漣漪。高長虹與許廣平同歲，一八九八年生於山西一個破落的書香門第，從小就養成一種反叛和孤僻的性格。作家伊妮指出，意外的是，具有反叛性格的他，卻乖乖地聽從了祖父的安排，與一個無愛的鄉下纏足女子結了婚，並生下了孩子，過著一種麻木的生活。直到一

九二四年下半年，他來到北京謀求精神與生活的雙重出路。他在一條僻靜的小胡同裡，創辦了《狂飆》雜誌，積極地從事「狂飆運動」。他突然造訪西三條胡同的魯迅，一九二五年四月，也就是魯迅與許廣平開始了「兩地書」通信不久，魯迅親自買了酒，邀高長虹與向培良、荊有麟、章衣萍等幾人到住所來喝酒，共商創辦《莽原》的事。從此，作為「莽原」社的同人，魯迅與高長虹過從甚密，在不到兩年的時間裡，兩人會面不下一百次。就在此時，高長虹發現了熱情如火的許廣平，並暗暗地愛上了她，只是魯迅一點兒也不知道。許廣平以她女性細膩的心，也許早有所察覺？目前並無史料可證明。不過據許廣平六月十七日給魯迅的信，談到對高長虹的詩文的感受，許廣平對高長虹好像並不怎麼欣賞。隨著魯迅與許廣平的戀情日漸公開化，高長虹才發現自己患的是單相思，這種失落的痛楚，令他寢食難安，到魯迅與許廣平比翼南下後，高長虹更陷入了精神崩潰的邊緣。他公開向魯迅挑戰，他寫了〈一九二五，北京出版界形勢指掌圖〉，把魯迅熱心支持青年創辦文學刊物，說成是為了「得到一個『思想界的權威者』的空名」，到後來，則「戴其紙糊的權威者的假冠入於身心交病之狀況矣！」。

對於高長虹的突然攻擊，魯迅開始真是莫名其妙，只是對其置之不理；後來實在氣憤，才寫了幾篇小文予以反擊。但他仍然不知長虹為何對他如此恨之入骨，直到一九二六年十一月底，高長虹在《狂飆》上發表一首題為〈給──〉的詩，再加上熟知內情的朋友的說明，魯迅才豁然領悟。高長虹在詩裡以太陽自況，以月亮比許廣平，而咒罵魯迅是黑夜。魯迅立即給在廣州的許廣平去了一信，說：

「《狂飆》上有一首詩，太陽是自比，我是夜，月是她。……我這才明白高長虹原來在害『單相思病』，以及川流不息到我這裡來的原因，他並不是為『莽原』，卻在等月亮。但對我竟毫不表示一些敵對的態度，直待我到了廈門，才從背後罵得我一個莫名其妙，真是卑怯得可以。我是夜，則當然要有月亮了，還要做什麼詩，也低能得很。」後來魯迅在《故事新編》中的〈奔月〉中，寫了善射的后羿打獵回來後，遭到了徒弟逢蒙暗算的故事，不言而喻，故事中的逢蒙就是影射高長虹。而現實中的高長虹在追求許廣平失敗後，改追冰心。後來韋叢蕪告訴魯迅，高長虹給冰心寫情書，已閱三載了。一九二九年冰心結婚後，將這捆情書交給了丈夫吳文藻，吳文藻於旅行時，隨看隨拋入海中，數日而畢。當然這是後話了。

魯迅主編及參與編輯的部分刊物

《故事新編》書影

魯迅與許廣平於一九二七年十月三日，乘「山東」號輪船抵達上海，頭幾天，他們寓居在共和旅館，十月十八日上午，移入東橫濱路景雲里第二弄二十三號，正式開始了他們公開的同居生活，消息傳出後，各色人等對他們進行了長時間的令人難堪的非議與指責，有人說，元配夫人朱安才是魯迅先生的合法「佳偶」，許廣平不過是一個姨太太；也有人說，魯迅與朱安破裂，是因為許廣平從中作梗。連魯迅的弟弟周作人，也公開表示他們的婚姻不合法，不予以承認。在《兩地書》的序言中，魯迅說：「回想六七年來，環繞我們的風波也可謂不少了，在不斷的掙扎中，相助的也有，下石的也有，笑罵誣蔑的也有，但我們緊咬了牙關，卻也已經掙扎著生活了六、七年。其間，含沙射影者卻逐漸自己沒入更黑暗的處所去了，而好意的朋友也已有兩個不在人間……。我們以這一本書為自己紀念，並以感謝好意的朋友，並且贈我們的孩子，給將來知道我們所經歷的真相，其實大致是如此的。」

許廣平說：「從廣州到上海以後，雖然彼此朝夕相見，然而他整個的精神，都放在工作上，所以後期十年的著作成績，比較二十年前的著作生涯雖只佔三分之一，而其成就，則以短短的十年而超過了二十年。」當然無可置疑的，這十年是凝聚著許廣平誠摯的感情與辛勤的勞動，「十年攜手共艱危」，他們艱危與共、相濡以沫，互相關心、互相愛護、互相幫助，表達的是人間的至愛！

　　補記：學者董大中在《魯迅與高長虹》（河北人民出版社，一九九九）一書中，認為〈給——〉是寫給石評梅的，並對所謂「高長虹事件」有不同的看法，詳見〈都是月亮惹的禍？——魯迅、許廣平、高長虹的「三角」戀情〉一文。

註一：《『兩地書』研究》王得后著，一九八二年，天津人民出版社。
註二：伊妮《千秋家國夢》（上、下）廣東人民出版社，一九九四年。

第三章

都是月亮惹的禍？

——魯迅、許廣平、高長虹的「三角」戀情

一九二六年十一月廿一日，「狂飆社」
作家高長虹在上海《狂飆》週刊發表了情詩
〈給──〉第廿八首，詩這麼寫著：

> 我在天涯行走，
> 月兒向我點首，
> 我是白日的兒子，
> 月兒啊，請你住口。
> 我在天涯行走，
> 夜作了我的門徒，
> 月兒我交給他了，
> 我交給夜去消受。
> 夜是陰冷黑暗，
> 月兒逃出在白天，
> 只剩著今日的形骸，
> 失卻了當年的風光。
> 我在天涯行走，
> 太陽是我的朋友，
> 月兒我交給他了，
> 帶她向夜歸去。

高長虹

魯迅（左）、許廣平（中）、蔣徑三（右），
1927年9月。

夜是陰冷黑暗，

他嫉妒那太陽，

太陽丟開他走了，

從此再未相見。

我在天涯行走，

月兒向我點首，

我是白日的兒子，

月兒啊，請你住口。

　　不久，身在廈門的魯迅，接到北
京的韋素園的來信，報告了有關「月亮
詩」的傳言——也就是指高長虹自比太
陽，而把許廣平比做月亮，詩中「月兒
我交給他了」，是說他把許廣平交給了
魯迅。

　　魯迅在同年十二月廿九日覆信給
韋素園說：「至於關於〈給──〉的傳
說，我先前倒沒有料想到。《狂飆》也
沒有細看，今天才將那詩看了一回。
我想原因不外三種：一，是別人神經
過敏的推測，因為長虹的痛哭流涕的做
〈給──〉的詩，似乎已很久了；二，
是《狂飆》社中人故意附會宣傳，作
為攻擊我的別一法；三，是他真疑心我

都是月亮惹的禍？»» 魯迅、許廣平、高長虹的「三角」戀情

破壞了他的夢，──其實我並沒有注意到他做什麼夢，何況破壞──因為景宋（案：魯迅的學生許廣平）在京時，確是常來我寓，並替我校對，抄寫過不少稿子……這回又同車離京，到滬後，她回故鄉，我來廈門，而長虹遂以為我帶她到了廈門了。倘這推測是真的，則長虹大約在京時，對她有過各種計畫，而不成功，因疑我從中作梗。其實是我雖然也許是『黑夜』，但並沒有吞沒這『月兒』。」

此外，高長虹在同年的十一月九日所寫的〈時代的命運〉一文裡說：「我對於魯迅先生曾獻過最大的讓步，不只是思想上，而是在生活上，……這倒是我最大的遺憾呢！」。這所謂「生活上」的「讓步」指什麼呢？很容易人聯想到「太陽、月亮、黑夜」的說法。因為當時社會上對魯迅的一舉一動都是十分關注的。尤其是「女師大事件」後，關於魯迅拋棄原配夫人朱安，以及魯迅與學生許廣平之間的關係，有過不少流言。因此，有好事者將這首詩認為是高、魯、許三人之間的「愛情糾紛」，也就順理成章了。

魯迅在上述回覆韋素園的信中，雖然分析「流言」的三種可能，然而他對第三種可能特別的「憤怒」。他接著寫道：「果真屬於末一說，則太可惡，使我憤怒。我竟一向在悶葫蘆中，以為罵我只是因為《莽原》事。我從此倒要細心研究他到底是怎樣的夢，或者簡直動手撕碎它，給他更其痛哭流涕。」而同一天魯迅也給許廣平寫了信，信中說：「北京似乎也有流言，和在上海所聞者相似，且云長虹之拼命攻擊我，乃為此。」「用這樣的手段，想來征服我，是不行的。我先前的不甚競爭，乃是退讓，何嘗是無力戰鬥。現既逼迫不完，我就偏又出來做些事，而且偏在廣州（案：當時許廣平在廣州供職），住得更

《莽原》週刊及《長虹週刊》中的高長虹剪影

近點，看他們躲在黑暗裡的諸公，其奈我何？然而這也許是適逢其會的藉口，其實是即使並無他們的閒話，我也還是要到廣州的。」而就在魯迅要動身前往廣州之前，一九二七年一月十一日他給許廣平的信，還有這樣的話：「……我這才明白長虹原來在害『單相思病』，以及川流不息到我這裡來的原因，他並不是為《莽原》，卻在等月亮。」魯迅這話，當然不盡是事實，有著情緒的激憤。

回顧高長虹與魯迅的交往，始於一九二四年十二月。當月十日《魯迅日記》云：「夜風。長虹來並贈《狂飆》及《世界語週刊》」。而從此時起到一九二六年四月高長虹離開北京前的一年多裡，據《魯迅日記》統計高長虹去過魯迅家七十多次，高長虹自己說與魯迅見面一百多次。總之，雙方的關係是極為密切的。一九二五年四月十一日，《魯迅日記》寫道：「夜買酒邀長虹、培良、有麟共飲，大醉。」何事使得魯迅如此高興呢？據日記編者註解中

説：「席間，魯迅等商定創辦《莽原》週刊。並於十天後開始編輯。」《莽原》創辦初期，高長虹是出力最多的一個。他不僅在事務方面貢獻頗多，在創作方面也奉獻極厚。在《莽原》週刊創辦的三十二期中，幾乎每一期都刊載過他的文章。高長虹就説過：「無論有何私事，無論大風潯雨，我沒有一個禮拜不趕編輯前一日送稿子去。我曾以生命赴《莽原》矣！」。可説並沒有絲毫誇張。

然而兩人何以出現裂痕，起因在於所謂「壓稿事件」。一九二六年八月，魯迅離京後，《莽原》的編輯工作就交給韋素園。本來《莽原》創辦時，魯迅曾提出由高長虹來作編輯，但高長虹最終並沒有接。（因為他心繫狂飆事業，想擴大狂飆陣容，轉移狂飆陣地。後來高長虹在一九二六年四月到了上海，經過一段時期的籌備，《狂飆》週刊如高長虹自己所説的又「借屍而還魂」了。）而就在韋素園接替主持編輯不久，就發生了一九二六年十月的退回高歌（案：高長虹二

魯迅為高長虹設計書的封面

弟）的小說〈剃刀〉不用、壓下向培良的劇本《冬天》不發的事情。同為狂飆社的高歌及向培良迅速向在上海的高長虹報告此事，高長虹馬上在十月十七日出版的《狂飆》週刊第二期發表〈給魯迅先生〉和〈給韋素園先生〉的公開信，信中對韋素園的攻擊是很不理智的——「《莽原》須不是你家的！林沖對王倫說過：『你也無大量大材，做不得山寨之主！』謹先為先生或先生等誦之。」而對魯迅，除發了一遍牢騷之外，是要請魯迅出來說句公道話：「如你願意說話時，我也想聽一聽你的意見。」

　　而此時遠在廈門的魯迅，卻不想再介入此事件中。魯迅在十月廿三日給許廣平的信中說：「這真是吃得閒空，然而我卻不願意奉陪了，這幾年來生命耗去不少，也陪得夠了，所以決計置之不理。」魯迅還認為「素園在北京壓下了培良的稿子，卻由上海的高長虹來抱不平，要在廈門的我去下判斷，我頗覺得是出色的滑稽。」（《且介亭雜文・憶韋素園君》）因此，魯迅不予表態、不予理睬。其實在《莽原》創辦後，以高長虹為核心的原「狂飆社」成員（即所謂「山西幫」）和韋素園、李霽野、臺靜農、韋叢蕪等未名社成員（即所謂「安徽幫」）之間就一直矛盾不斷。而這次公開決裂，高長虹卻錯誤地把魯迅置於裁判位置上，在得不到魯迅的同情、支持後，高長虹就把攻擊的矛頭，錯誤地指向了魯迅。

　　如果說高長虹〈給魯迅先生〉的公開信，還算稍有克制的話，那麼緊接著發表的一萬四千字的長文〈一九二五，北京出版界形勢指掌圖〉以及後來的一些短文，則展開了對魯迅的指名道姓的攻擊乃至謾罵。他說：「我與魯迅會面不只百次，然他所給我的印象，實以此一

短促的時期為最清新，彼此時實在為
真正的藝術家的面目。過此以往，則遞
降而至一不很高明而卻奮勇的戰士的面
目，再遞降而為一世故老人的面目，除
世故外，幾不知其他矣。」「於是『思
想界權威者』的大廣告，便在民報上登
出來了。我看了真覺得『瘟臭』，痛惋
而且嘔吐。」「魯迅遂帶其紙糊的權威
者的假冠，入於身心交病之狀況矣」！
而真正令高長虹不滿於魯迅的，應該
是他認為中國在五四運動以後的二〇年
代中期，需要再來一次思想革命，而唱
主角的就是以他為首的「幾個青年」，
而魯迅等成名的人，應該退居二線，給
他們一些幫助就夠了，由他找人來替魯
迅「說他自己想說的話」。他當時應邀
參加《莽原》的創辦，看來就是基於這
種想法。但他似乎想都沒想到他是否具
備領導一場思想革命的本事呢？他一開
始就雄心萬丈了。於是當魯迅又被稱為
「思想界之權威者」時，他怎能不憤慨
呢？

　　對於高長虹的謾罵，魯迅都一一加

「未名社」的成員：李霽野（左）、韋素園
（中）、臺靜農（右）

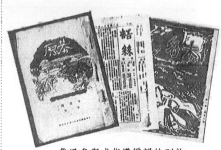

魯迅參與或指導編輯的刊物

以反擊。首先魯迅在一九二六年十二月在《莽原》、《語絲》等四種刊物上，同時發表了〈所謂「思想界先驅者」魯迅啟事〉，採用「以子之矛，攻子之盾」的方法，有力地反駁了高長虹在此問題上糾纏的無理。另外又寫了〈「走到出版界」的戰略〉、〈新的世故〉、〈新時代的放債法〉。除了將高長虹涉及自己的前後矛盾的結論，對照刊出，又指明高長虹等人要利用他而未能遂其所願，才導致了如今的惡語相向、謾罵相加的局面。

　　至於在有關「月亮詩」的「流言」中，魯迅在回覆韋素園的信，作了三點分析之後，第二天，一揮而就，寫出了小說〈奔月〉。也就是他後來寫信告訴許廣平說：「那時就做了一篇小說，和他開了一些小玩笑，寄到未名社去了。」。在〈奔月〉中，「逢蒙這個形象就含有高長虹的影子」，他不僅忘恩負義，把他的老師羿「射死」，但射技卻並不高明，連羿裝死也沒有看出。魯迅文中說：「你真是白來了一百多回。」。羿吐出箭，笑著對逢蒙說：「難道連我的『囓鏃法』都不知道麼？這怎麼行。你鬧這些小玩意兒是不行的，偷去的拳頭打不死本人，要自己練練才好。」羿對逢蒙的教訓，正是魯迅對高長虹的嘲諷。

　　而高長虹和許廣平的交往，據高長虹後來在一九四〇年所寫的〈一點回憶──關於魯迅和我〉中說道：「一天的晚上，我到了魯迅那裡，他正在編輯《莽原》，從抽屜裡拿出一篇稿子來給我看，問我寫得怎樣，可不可以修改發表。《莽原》的編輯責任是完全由魯迅擔負的，不過他時常把外面投來的稿子先給我看。我看了那篇稿子覺得寫得很好，贊成發表出去。他說作者是女師大的學生。我們都說，

女子能有這樣大膽的思想，是很不容易的了。以後還繼續寫稿子來，此人就是景宋。我那時有一本詩集，是同《狂飆》周刊一時出版的（案：《精神與愛的女神》）。一天接到一封信，附了郵票，是買這本詩集的，這人正是景宋。因此我們就通起信來。前後通了有八、九次信，可是並沒有見面，那時我彷彿覺到魯迅與景宋的感情是很好的。因為女師大的風潮，常有女學生到魯迅那裡。後來我在魯迅那裡同景宋見過一次面，可是並沒有談話，此後連通信也間斷了。以後人們傳說的什麼什麼，事實的經過卻只是這樣的簡單。景宋所留給我的唯一印象就是一副高大的身材。她的信保留在我的記憶中的，是她說她的性格很矛盾，彷彿中山先生是那樣性格。青年時代的狂想，人是必須加以原諒的，可是這種樸素的通信也許就造成魯迅同我傷感情的第二次原因了。我對於當時思想界那種只說不做的缺點，在通信中也是講到的。後來我問了有麟，景宋在魯迅家裡的廝熟情形，我決定了停止與景宋通信，並且認為這種方法是完全正確的。」

他們的信沒有留下來，我們無法知道高、許是否有過戀愛。退一步說，即使高長虹和許廣平在八、九封信中曾經相愛，而後來許廣平有又愛上了魯迅，這也絕不是因為高長虹「讓步」的結果，而只能說是一種命運。

至於〈給──〉中的月亮，據學者董大中先生的考證[註1]，是另外一個月亮，而不是章衣萍夫婦認定的月亮──許廣平。那另外一個月亮是女作家石評梅。高長虹在離開山西一中後，曾到北京大學作旁聽生一年。一九二一年春，他來到太原，在石評梅的父親工作的山西省立圖書博物館當書記員。石父對高長虹的學識、才能，極為讚賞。他

石評梅

高君宇

時常向高長虹說起石評梅，連她被臭蟲咬得哭哭啼啼的樣子，也說得繪聲繪影。而此時的石評梅卻在北京女子高等師範學校體育科求學，兩人僅有過短暫的相見，那是石評梅放了暑假，回到太原，來博物館看望父親的時候。然而此時石評梅心中先有著吳天放，而後又有高君宇，心中似乎沒有高長虹的位置。這期間高長虹雖也展開對石評梅的熱烈追求，但石評梅卻不為所動。一九二五年三月五日，高君宇病逝，高長虹認為石評梅在悲痛之餘，必會另找新歡，而他將成為不二人選，於是他開始寫下情詩集〈給——〉，甚至還有後來的小說《革命的心》。然而這對最終以身殉情的石評梅而言，是不會接受的，只能算是高長虹自己的「單相思」罷了。

總之，高長虹與魯迅之間在二〇年代中後期的衝突，是五四運動以後中國社會各種思潮矛盾發生複雜變化的大背景之下，出現的一次碰撞。由於兩人的思想基礎、思維方式、性格志趣等的不同而決定的，有著其內在的必然性。而

「月亮詩」卻又成為催化劑，或有論者指「由於韋素園挑撥其間，而魯迅又輕信了韋的傳言」，因而「意氣用事」，「一時氣憤，著文攻訐」，則難免有失公允。

註一：董大中《魯迅與高長虹》，河北人民出版社，一九九九。

第四章

最是傷心憶往事

——周海嬰的回望魯迅家族

得識周海嬰先生是在七、八年前為籌拍《作家身影》時，和導演雷驤在北京木樨地海嬰先生寓所的初次訪談，記得那一晚談得興高采烈，海嬰先生還拿出一個「白鳳丸」的鐵盒子，說是母親買給蕭紅服的中藥。這些畫面後來部分收錄在影片中，記憶猶新的是海嬰先生談到父親去世前兩天，他突然耳朵裡聽到遙遠空中有人對他說：「你爸爸要死啦！」。當時海嬰七歲，這件事一直銘刻在他的腦海六十餘載。當然在他記憶深處還不止這些事，於是在他七十歲時，他寫了《魯迅與我七十年》，回憶魯迅的最後時光和故去六十餘年的風風雨雨。

拿到聯經版的書，迫不及待地讀完。其中部分章節，又讓我回到木樨地聆聽海嬰先生談話的情景，連語氣都一模一樣地鮮活！！我們知道一個歷史人物，一旦進入傳記領域，則他的「真實」，永遠不會是絕對的。甚至傳主的自述、親友的旁述、評論家

《魯迅與我七十年》書影

周海嬰近影

的月旦，都只能得到一個側影。也因此親友晚輩、門生故舊，能秉持「不為親者諱、不為賢者諱」，而如實地提供了一手的資料，則其價值可說是彌足珍貴的。因為唯有這些珍貴資料，再加上從作品文本去探求那些是實際生活中遭受壓抑的情節、那些被埋在心腑而無法言宣的話語，我們才能一步一步地逼近作家的心靈深處。否則像某些傳主的家屬，只誇談其父母的成就，而隱去他們的某些生命情節，甚至在「詩無達詁」下，硬要落實於某件具體的事件，而忽略詩人廣袤的想像空間，都無疑是焚琴煮鶴而且嚴重扭曲事實。而原本肩負「還歷史一個真實」的重責大任的心願，也因自己的拘謹與曲解，而讓「追求真實」變得緣木求魚了。這不能不謂是十分遺憾的事。在讀畢《魯迅與我七十年》全書，我們深感海嬰先生不為親者諱之坦誠，他如實地提供一手的珍貴資料，不管是他所目睹的，或他所聽聞的。這其中最讓他激動憤懣的，莫過於周作人了。我們看到他在行文中，並

沒有像稱呼周建人為叔叔般地稱呼他，
而是直接以「周作人」代之。「兄弟失
和」所造成的積怨，在第三代是有增無
減，我們從書中得知海嬰先生所受之屈
辱，對此當可有「同情的理解」，當然
海嬰先生在回憶這些往事，想必心情也
是傷痛而沉重的。

　　在中國現代文學史上，「周氏兄
弟」是永遠繞不開的話題。在風雷激
盪的「五四」時期，他們曾以反封建
的戰士形象出現於新文壇。他們並駕齊
驅、並肩作戰。然而到了二〇年代，周

周作人（中）、羽太信子（左）、
羽太重久（信子之弟）

周作人（前排左一）與魯迅（前排左二）

作人卻從「風口」踅回「苦雨齋」，他卸下「戰士」的盔甲與桂冠，在「自己的園地」裡作著《雨天的書》、《苦茶隨筆》，他一步一步地退隱到小我之中，「歷史」在他的筆下顯得如此令人絕望。反觀魯迅在當時雖也覺得「惟『黑暗與虛無』乃為實有」，生命只有「一種終點，就是：墳」，但在「與其凍滅，不如燒完」下，他斷然採取了「偏要向這些作絕望的抗戰」。因此原本同出一源的兩兄弟，後來一位更傾向於利他主義，知其不可為而為之；一位更傾向於利己主義，知其不可為而不為。而這其中最為當時熟悉他們的人感到驚愕與不解的是，曾經怡怡四十年的兄弟之情，卻因故斷絕，兩人後來各據一方，終成參商。

兄弟失和，海嬰先生尚未出世，因此有關敘說均來自聽聞，然大抵與研究者所得之結論相同，大都指向羽太信子窮奢極侈、不善理家有關。三弟周建人就說過：「她並非出身富家，可是氣派極闊，架子很大，揮金如土。」這與魯迅說：「我用黃包車運來，怎敵得過用汽車帶走的呢？」的感慨話語，是不謀而合的。對此魯迅曾通過周作人對信子進行規勸，但信子也因此產生反感和怨懟，這應該是雙方長期關係緊張的原因。至於導火線，海嬰先生雖也提了「一家之言」，但筆者認為舒蕪先生的說法更為具體。舒蕪在〈憶臺靜農先生〉文中說：「他詳細告訴我魯迅與周作人失和決裂的起因，他說：周作人在北京西山養病時，魯迅忙於從各方面籌措醫藥費，有一次正是急需錢用的時候，魯迅替周作人賣一部書稿，稿費收到了，魯迅很高興，想著羽太信子也正著急，連夜到後院去通知羽太信子，不料後來羽太信子對周作人說魯迅連夜進來，意圖非禮，周作人居然信了。他說，周

作人文章那麼明智，實際世事上就是昏得很。」[註1] 這與當時傳聞的「失敬」、「聽窗」之說，同屬一類，但似乎較為可信。

　　論者杜聖修在〈魯迅、周作人『失和』原委探微〉[註2] 文中的某些推論，似乎有助於我們接近真相。杜文認為魯迅、周作人與羽太信子早年結識於日本，後來她成為魯迅之弟媳回到中國，然而由於不諳華語，平常除與周作人交談外，就只能跟魯迅說話。而在這之前，魯迅因深感「寡母撫孤」之艱辛，遂無力反抗母親給他的禮物──妻子朱安，他承受著「生命難以承受之重」，他說：「我只能好好地供養著它，愛情是我所不知道的。」於是他和朱安過著「無愛」的夫妻生活。他給老友許壽裳的信中說他的「收採植物」，「翻類書」，「蒐集古逸書」，「此非求學，以代醇酒婦人者也。」魯迅也是凡人，他

魯迅抄錄之古碑

53

晚年的周建人與王蘊如

同樣也有七情六慾,他當時如此投入學術與著述,是一種自覺或不自覺的自虐行為。郁達夫在〈回憶魯迅〉就說:「一個來訪的學生,談起魯迅時說:『魯迅雖在冬天,也不穿棉褲,是抑制性慾的意思。他和他的舊式夫人是不要好的。』」基於此,再加上魯迅喜歡小孩,又自己沒有小孩,於是他對信子的小孩,及後來嫁給三弟周建人的芳子的小孩,特別關懷照顧。這種對自己老婆和對弟媳的巨大反差和鮮明對照,讓原本有「癔病」,而富於幻想、缺乏理智分析的信子產生了「誤會」,她對魯迅對她和孩子們的關懷與愛護,視為是在傳達性愛的信息,因此才衍生出「意圖非禮」之說。這種病態的性格,我們從周作人晚年的日記中找到旁證。她晚年可藉周作人「弟兄皆多妻」(案:指魯迅後又與許廣平結合,而周建人後又與王蘊如結婚),而懷疑並確信周作人與早年在日本伏見館見過的乾榮子有「外遇」,並因此兩人從一九五一年起持續爭吵,長達十一年之久。信子有時「冷

嘲熱罵，幾如狂易」，這讓周作人在日記中，一再發出「壽則多辱」的感慨，他有時甚至祈禱以自己速死達到解脫，有時則詛咒對方何不早死。乾榮子原本是周作人寫文章時美好的回憶，卻被信子坐實為外遇對象，這難道不是有「病」嗎？

而素以性情溫和，溫文儒雅形象聞名的周作人，在絕交的十個月後，當魯迅返回八道灣取回書籍及什物時，周作人與信子一起對他「罵詈毆打」，信子甚至對眾人述說魯迅「罪狀」並「多穢語」，而「凡捏造未圓」，周作人在一旁「救正之」。一向明智的周作人，此時是被「意圖非禮」的情緒所激怒，而完全失去理智了。許多他們兄弟的共同友人都認為周作人是「昏」，但說得更透徹點是他「聰明反被聰明誤」。當時被稱為「中國的藹理斯」的他，滿腦子的西方現代性心理學、變態心理學的理論，在此時卻成為他認同信子說法的理論基礎。對於周作人夫妻的這種「誤解」，不僅使魯迅極為難堪，更令他感到百口難辯，否則以魯迅的個性，他必然有所辯解。而這種隱痛造成嚴重的心靈與人格的傷害，使得魯迅被趕出八道灣之後，即大病一場，前後達一個半月之久。每有觸及，即引起揪心的苦痛與難忍的憤怒。一時間正如他在〈野草·頹敗線的顫動〉所說的「眷意與決絕，愛撫與復仇，養育與殲除，祝福與咒詛」交織於心。魯迅認定他是被日本女人趕出來的，這從魯迅取筆名「宴之敖」可看出，後來魯迅就對許廣平說過：「宴從宀（家），從日，從女；敖從出，從放；我是被家裡的日本女人逐出的。」言談中還有著憤懟。

一九五一年五月，北京市人民法院受理羽太芳子告周建人離婚案有云：「一九一二年秋周信子將其妹周芳子（即原告）由日本招來中

國，住於浙江紹興被告家中；後因周信子與周樹人說合，由被告之母主持，於一九一四年原告與被告結婚；婚後以語言隔閡，感情不夠融洽。」云云。魯迅研究學者姚錫佩註3曾懷疑，魯迅也許是出於對信子孤身遠離祖國的同情；也許遇到什麼難題，才會幫忙說合這椿婚事。海嬰先生在〈建人叔叔的婚姻〉一節中，則透露驚人的內幕，他說：「那時建人叔叔正與小表妹（舅舅的女兒）感情頗篤。可悲的是這個小表妹後來患病不治而逝。這就給了信子實現計劃的機會。終於有一天，她先用酒灌醉了建人叔叔，再把芳子推入他的房間，造成既成事實。因此，後來父親對母親談起叔叔的這椿婚事，說是『逼迫加詐騙成局』的。」魯迅本身深受不幸婚姻之苦，若不是遇到現實的難題，

周作人（後排右一）、周建人（後排左一）、與與太信子（前排右一）、與太芳子（前排左一）。

他是不會去勉強或說合三弟的婚事。而二月二十八日建人與芳子在紹興舉行婚禮，魯迅是在三月十七日收到周作人的信，附芳子箋，後才在當天的《日記》中，補記下建人的結婚之日。此後他與周作人、信子和芳子有多次通信，唯獨與新郎官周建人，卻遲至五月廿三日才直接通信。這些不尋常的訊息，由於海嬰先生的這段敘述，而使疑團豁然解開。況且當時周老太太似乎也不願再有一個日本媳婦，更無任何逼婚之舉。

海嬰先生又提到：「周作人對胞弟的逼迫，甚至直到解放後仍不肯罷休。他唆使羽太芳子向法院狀告建人叔叔『重婚』。為什麼說這是周作人唆使的呢？因為羽太芳子的狀子，內行人看了都覺得文筆犀利，功力非同一般；而幾位知堂（周作人筆名）的老友，更明確無誤地判定，這捉刀人就是周作人本人。大家都不免為之嘆息：知堂老人坐不住，又出山了（周作人自己向外承認僅「改了幾個字」）」「最後，法庭判決叔叔與羽太芳子的實際離婚成立。並宣判周豐二與父親脫離父子關係，周作人的如意計謀就這樣打了『水漂』。」學者姚錫佩不無惋惜的指出，「如當時周建人要與芳子離婚時，芳子年僅三十多歲，又有掌握謀生技術的才能和機會，若姐夫周作人能鼓勵她接受離婚這一既成的事實，並通過協議合理地獲得應有的房屋和生活津貼（當時周建人也是這樣做的），也許芳子會擺脫精神上的痛苦，而有一個健康的體格，甚至重新獲得家庭的幸福。可惜周作人是在新中國成立後才讓芳子上訴離婚，其時已晚，芳子母子已沾上了周作人作為漢奸的汙點，在當時嚴峻的政治形勢下，又怎能獲得已被捐獻的八道灣的房產權和醫藥費的補貼呢？芳子最終成為周氏家族不和及中日戰爭的犧牲

周作人致鮑耀明的信

者。」註4 姚錫佩進一步對周作人評論道：「可見他在對待其兄弟的婚變上，是何等的不寬容，是何等的有違人情物理，是何等的不論自然和事功！其兄舊婚姻的痛苦，其弟婚姻的破裂，以及當時離婚所存在的難題，均是他眼見的事實，如何協助雙方，善罷善休，本是他這樣一個對婦女問題和性心理有深切了解的思想家，須努力化解的問題。可是他偏執於個人的情感，一味站在不願離的一邊，竟成了舊道德的代言人。」註5

這種情況還發生在當年魯迅和許廣平結合之際，那時已決裂兩年的周作人，突然跳出來說不承認他們兩人婚姻的合法性。當魯迅的母親都因她犯下錯誤而悔恨多年，而終於如釋重負地放下心中大石之際，深知大哥婚姻不幸內情的周作人，卻如此地不寬容。而這種情況一直持續到晚年（一九六一年十一月廿八日）他回鮑耀明的信，指責許廣平的《魯迅回憶錄》中揭露他挑起兄弟失和的真相時說：「日前匆匆寄信，關於某女士回憶錄之事忘記答覆，茲特

補述之。她係女師大學生，一直以師弟名義通信，不曾有過有意見，其所以對我有不滿者殆因遷怒之故。內人因同情前夫人朱安之故，對於某女士常有不敬之詞，出於舊家庭之故其如此看法亦屬難怪。但傳到了對方，則為大侮辱矣，其生氣也可以說是難怪也。來書評為婦人之見，可以說是能洞見此中癥結者也。」又說：「此種議論無辯解之價值，故一向不加注意，將來在《談往》（案：即後來的《知堂回想錄》）中亦將略去不提，拚出自己挨罵，不願與『魑魅爭光』，樂得省些筆墨，且此等家庭內幕發表出來，為辯解之資料，亦似乎有傷大雅也。」周作人的「不辯解說」，實已辯解，而且「一錘定音」，不容他人再行辯解。紹興師爺的刀筆吏性格，在此顯露無疑。

曾經在很早的時候，三兄弟就決定長大以後永不分家、永不分彼此的，但因為這些劇變，衝垮了魯迅因襲安排了的家庭舊倫理的圍牆。做為「五四」的一員，他們都曾對舊家族制度、舊道德進行過激烈尖銳的批判。但魯迅又為了維護周氏大家庭，他不得不自己背著因襲的重擔，肩住了黑暗的閘門。而周作人和信子並沒有這樣的認識，他們更不會自覺地按舊道德，如孝、悌之類來自我規範和約束，於是衝突乃起。正如魯迅所說的，周作人「只好權其輕重，犧牲與長兄友好，換取家庭安靜。」周氏大家族終於走向崩毀，但這又未嘗不是件好事。海嬰先生以樸實無華但又坦誠之筆，記下他的回憶，而這些家族間的「家務事」，又常為研究者不易取得的資料。「傳記在於探求確確實實、不加誇張的真實」，每個偉人同樣又都是凡人，他們不可能只有超越自我的勝利時刻，也必然要面對軟弱卑怯的剎那。在海嬰先生提供的史料中，我們看到周作人的另一面，他不像魯迅那樣「時

時解剖別人，然而更多的是更無情地解剖我自己」。魯迅被稱為「現代中國最痛苦的靈魂」，原因在於他時時「抉心自食」式地逼視究詰著他內心深處。而周作人只願坐在樹蔭下閒話人生，他不想演戲，但命運卻安排他，在本世紀政治文化舞台，扮演一個「附逆」的尷尬角色，他成了日本侵略者的幫兇。後來更因「漢奸」罪名，先在老虎橋監獄為囚犯，出關後為翻譯工作者，勉強度過了斜陽餘生，直到「文革」被紅衛兵整死。

海嬰先生又提到，一九五七年，毛澤東在上海與老朋友聊天，羅稷南坦直地問道：「要是今天魯迅還活著，他會怎麼樣？」，毛澤東認真地沉思了片刻後說：「以我的估計，要麼是關在牢裡還是寫，要麼他識大體不作聲。」以魯迅那種「匕首」、「投槍」的吶喊，在解放後，是靜默而生呢？還是「寧鳴而死」呢？還真是讓人頗費思量的。幸運的是因魯迅的不壽，一切難題都灰飛煙滅，剩下的只是功成名就。反觀周作人

晚年周作人

雖享高壽,但卻「壽則多辱」,背負「漢奸」罪名,住老虎橋監獄,「文革」中又受折磨至死。因此我們常設想若他當年在八道灣客廳遭暗殺時,那銅扣沒有擋住子彈,我們不禁想起白居易的著名詩句:「假使當年身便死,一生真偽有誰知」!但造化弄人,歷史更是弔詭的,它終究總會讓人看清事實的!翻閱著四百多頁的書稿,近兩百幅的照片,它已訴說半個世紀以來,多少的滄桑往事,或許你聽聞過,或許你從未聽聞,但這些終將成為歷史!

註1:舒蕪〈憶臺靜農先生〉,原載1991年5月22日北京《新文學史料》第51期。

註2:杜聖修〈魯迅、周作人『失和』原委探微〉,《中國現代文學研究叢刊》,1992年第3期。

註3、4、5:姚錫佩〈瑣談魯迅家族風波—八道灣房產「議約」引出的話題〉,《魯迅研究月刊》,1997年12月。

第五章

反抗絕望與臨歧徬徨

——也談周氏兄弟

對魯迅與周作人有深刻研究的學者孫郁指出，魯迅與周作人有著殊途同歸的一面，又有著截然不同的一面。魯迅之所長，恰恰為周作人之所短；周作人之風韻，又為魯迅所少有。一個張揚著生命熱力，在對苦難的抗爭中，把生存意義指向了永恆；一個恬然超然，默默地品嚐著生之苦澀，在忍受與自娛中，得到生存的快慰。不管你選擇了魯迅或選擇周作人，我們都無法離開這兩顆靈魂的餘影，他們是二十世紀中國文化中繞不開的存在！！

我們知道他們兄弟二人，有著共同的經歷，相似的知識背景，相埒的學養，還有一份相通的人生感悟。他們曾經「兄弟怡怡四十年」，但後來卻因故絕交，兩人「終成參商」。分手後的魯迅與周作人之間多有交鋒，其間的夾縫文章，只有他們彼此看得懂。只因他們曾經最為相知，也就最能抓住對方的要害、摸清對方的罩門，於是處處針

二〇年代的周作人

鋒相對的議論、招招見血的彼此搏擊，是兄弟間痛苦的、扭曲的對話。相互「理解」卻以這種方式達成，曾經相攜相知終相怨，這恐怕是他們雙方所始料未及的。

曾經和魯迅一樣，以反封建的戰士形象出現於「五四」文壇，借助翻譯和闡述的形式，將世界性的人文思潮，引入鼎革之際的思想領域的周作人，在歷史的遞進下，卻使得他惘然於種種進退的矛盾中。周作人曾自稱頭

周作人（前排左三）與魯迅（前排右三）

腦像一間「雜貨舖」：「托爾斯泰的無我愛與尼采的超人，共產主義與善種學，耶佛孔老的教訓與科學的例證，我都一樣的喜歡尊重，卻又不能調和統一起來，造成一條可以行的大路。我只將各種思想，凌亂的堆在頭裡⋯⋯」。斑雜的思想，常常使得周作人陷於無法解脫的「困境」中。尤其是他更並非一次地用「頹廢時代」，來形容明末亂世及其在現代中國的重演，並視為不可改變，無力改變的歷史宿命。他說：「巴枯寧說，歷史的唯一用處是教我們不要再這樣，我以為讀史的好處是在能預料又要這樣了；我相信歷史上不曾有過的事中國此後也不會有，將來舞台上所演的還是那幾齣戲⋯⋯五四運動以來的民氣作用，有些人詫為曠古奇聞，以為國家將興之兆，其實也是古已有之，漢之黨人、宋之太學生、明之東林，前例甚多，照現在情形看去與明季尤相似；門戶傾軋，驕兵悍將，流寇、外敵，其結果——總之不是文藝復興！」。

這是周作人的「歷史循環論」，它起源於周作人自身經驗的多重幻滅，它既是對歷史（也就是現實）的抗議與譴責，又是意識到自身面對歷史的悲劇性循環，而無可奈何、難有作為的嘆息。但同樣痛感封建歷史的沉重因襲，魯迅是強化「絕望的抗爭」的衝動；周作人卻蒸發出一股消蝕鬥志的冷氣。我們看周作人在〈畫夢〉中這麼寫道——

我是怯弱的人，常感到人間的悲哀與驚恐。

嚴冬的早晨，在小胡同裡走著，遇見一個十四、五歲的小姑娘，充血的臉龐隱過了自然的紅暈，黑眼睛還留著處女的光輝，但是正如冰裡的花片，過於清寒了，——這悲哀的景象已經幾乎近於神聖了。

胡同口外站著候座的車夫，粗麻布似的手巾從頭上包到下頷，灰塵的臉的中間，兩隻眼現出不測的深淵，彷彿又是冷灰底下的炭火，看不見地逼人，我的心似乎炙得寒顫了。

我曾試我的叫喊，卻只有返響回來，告訴我的聲音的可痛地微弱。

我往何處去祈求呢？只有未知之人與未知之神了。

要去信託未知之人與未知之神，我的信心卻又太薄弱一點了。

而同樣地，我們看魯迅在〈影的告別〉中，又是如何地描述他的心境，他說──

有我所不樂意的在天堂裡，我不願去；有我所不樂意的在地獄裡，我不願去；有我所不樂意的在你們將來的黃金世界裡，我不願去。

然而你就是我所不樂意的。

朋友，我不想跟隨你了，我不願住。

我不願意！

嗚乎嗚乎，我不願意，我不如徬徨於無地。

我不過一個影，要別你而沉沒在黑暗裡了。然而黑暗又會吞併我，然而光明又會使我消失。

然而我不願徬徨於明暗之間，我不如在黑暗裡沉沒。

相對於周作人弱者的聲音，調子幾乎沒有什麼亮色；魯迅卻在悖論中，反覆地究詰自己的生命，而這種內省卻不斷地升騰著。「頹廢

的歷史觀」最後又將周作人從高超的唯
美之塔，引墮到「苟全性命於亂世」的
低俗中，這不能不歸之他臨歧的徬徨。
周作人的身上確實充滿著難以索解的矛
盾，他既有紳士的一面，又有流氓的一
面；就如他所說的是「紳士鬼」與「流
氓鬼」的合身。他既有儒家積極入世的
精神，又常抱道家消極退隱的態度。他
一方面鄭重地告訴人們：「我最不喜歡
談政治」，從來沒有、也不願有任何政
治信仰；而另一面，他卻又在對日抗戰
中掉進了最骯髒的政治漩渦——在日本
帝國主義所操縱的政治舞台中，翩翩起
舞。在性格特徵上，一方面，他對人對
事是那樣地謙和與寬容，而另一方面，
又處處可見他在寬容遮蔽下的威儀，在
謙和掩蓋下的傲慢和自負。

　　一九四五年八月，日本宣佈無條件
投降。同年十月，南京、上海開始大規
模檢舉漢奸活動。陳公博等從日本被引
渡回國，關進南京老虎橋監獄。同年年
底，周作人也因漢奸案被國民黨政府逮
捕，並送至北平炮局胡同監獄。據周作

陶元慶畫的魯迅像，是魯迅最喜
歡的作品之一。

周作人在八道灣寓所前，1939年。

人晚年回憶：「在北京的炮局是歸中統的特務管理的，諸事要嚴格一點，各人編一個號碼，晚上要分房按號點呼，年過六十的允予優待，聚居東西大監，特許用火爐取暖，但煤須自己購備，吃飯六人一桌，本來有菜兩缽，亦特予倍給。」在炮局胡同關了將近半年，一九四六年五月二十六日，周作人被解送南京，關押於老虎橋監獄。同行者有偽華北政務委員會委員長王蔭泰、偽華北財務總署督辦汪時璟、偽河北省長陳曾栻、偽北平市長劉玉書等十二人。

在老虎橋監獄，周作人最初住在忠舍，據他晚年回憶：「忠舍為看守所的一部，在西北的一角裡，東西相對各有五間房子，每間要住五個人；北面有一個小院子，關起門來，倒也自成一個院落。」「忠舍的管理比較緩和，往來出入可以自由；煙酒什麼違禁物品也可輸入。」而據當時重慶《大公報》記者黃裳親自訪問周作人後寫成的〈老虎橋邊看「知堂」〉一文說：「這是一個小院子，裡邊是孤零零的一所紅磚房。其中一間間的小房間，從門口上面的一小塊鐵絲網窗中可以望進去，房子極小，可是橫躺豎臥的有五個人，汪時璟、劉玉書、唐仰杜這些老奸都赤了膊席地而臥，有的在一疊餅乾匣上面寫信。梅思平在裡面的角落看書，殷汝耕在看聊齋，王蔭泰藏在牆角看不見。走道第四間，『知堂』剛剛回來，在裡面一角裡的席地上，脫下了他的小褂小心地掛在牆上，赤了膊赤了腳在席上爬，躺下去了。旁邊放著一個花露水瓶子。」

而周作人解押到南京半個多月後，南京高等法院檢察官即對周作人提出起訴，列舉周作人主要罪狀如下：「其任偽職其間，聘用日人為教授，遵照其政府侵略計劃實施奴化教育，推行偽令，編修偽教科

68

書，作利敵之文化政策，成立青少年團，以學生為組織訓練對象，泯滅青年擁護中央抗戰國策，啟發其親日思想，造成敵偽基要幹部。又如協助敵人調查研究華北資源，便利其開掘礦產，搜集物資，以供其軍需。他如促進溝通中日文化及發行有利敵偽宣傳報紙，前者為借文字宣傳達其與敵偽親善之目的，遂行近衛三原則之計劃，後者希圖淆惑人心，沮喪士氣，削弱同盟國家作戰力量」等等。

面對這些指控，周作人則寫出「自白書」，進行自我辯解。他如前北平諸教授沈兼士、董洗凡、俞平伯、英千里、楊永芳（係周之女婿），還有前北大校長蔣夢麟、後任校長胡適等都替他的辯解作出証明，無非是説他與已故馮祖荀、孟森、馬裕藻三人是奉前北大蔣校長之命共同留平，保管校產的。周作人説他初擬賣文為生，後因環境惡劣，在家遇刺，大受威脅，加上湯爾和再三慫恿，才被迫出任偽職。又説他在國家存亡絕續之秋，必須有人冒犯不韙，共為維持；説他參加偽組織的動機完全在於維護教育，抵抗奴化，並不是戀慕做官；説他歷任偽職，並非特意鑽營而來，都是他人所強迫，即如日滿之行，亦為強迫而去，只在觀光；説他在任偽職期間，忍辱冒死，虛與委蛇，保全了北大等校的圖書儀器，使北大文化機關各種設備有增無減；説他曾發表論文論中國的中心思想問題，是為民族求生存的，是有利中華民族的言論，以至被日本一軍國主義文人斥為「特殊之文學敵人」、「反動老作家」；説他曾營救和掩護過國民黨地下工作人員及教育方面工作人員多人；説他在偽職期間因違抗敵寇政策，險遭敵憲兵隊逮捕；説他雖在偽組織服務，但自始至終潔身自好，跡無貪污，行無惡據，亦無反抗本國之圖謀，合於蔣介石對偽職人員『只問

傅斯年

行為，不問職守』的『明訓』，故不能認定他有漢奸罪。

而在一九四六年十月二十五日，他在老虎橋監獄寫下了七律〈偶作寄呈王龍律師〉及跋文（案：刊登於十一月三日的上海《文匯報》），其詩云：「但憑一葦橫江至，風雨如磐前路賒。是處中山逢老牸，不堪伊索話僵蛇。左廡立語緣非偶，東郭生還望轉奢。我欲新編游俠傳，文人今日有朱家。」詩中大意是説他「一葦渡江」南來，在獄中已「面壁」十月，不能破壁歸去；「風雨如磐」，前路渺茫。而「以德報怨」的小人，像中山狼般「狠毒」地「下井投石」，必欲置之死地。但他終於也看到一線希望：一位與自己並無什麼交情的律師，如漢初俠客朱家仗義救人於危難一樣，「慨然允任義務辯護」，從而「東郭生還望轉奢」。他怎能不感激涕零，於是乃寄贈詩篇，目之為今日游俠。詩中對王龍（天端）律師的感恩戴德，反襯出對傅斯年等被他視為「中山狼」的大加撻伐。傅斯年當時在重

慶被委以北京大學代理校長之職，將成
為中央派北平教育界的接收大員，輕易
不求人的周作人，最後還是向這位舊時
的學生發了求助信函，但沒想到當時傅
斯年卻公開發表談話，對所有附逆者的
態度均是不留情面。他說：「北大原先
是請全體教員內遷的，事實上，除開周
作人等一二人之外，沒有內遷的少數教
員，也轉入輔仁、燕京任教。……所以
現在偽北大的教授，與北大根本毫無關
係。」既是沒有關係，在北大復員中，
他就要毫不留情地一概解聘偽北大教
員；對周作人，他也公開表示因周「下
水」是原則問題，他無法顧及師生之情
了。傅斯年對北平教育界的嚴厲舉動，
極大地打擊了日偽時期的教職員，也狠
狠地給了周作人當頭棒喝。因此周作人
對他恨之入骨，是可想而知的。

　　同為「五四」時代的溫源寧在評
價周作人時，說他有「鐵與溫雅」。也
就是說他「潔身自好，任何糾葛，他都
不願插足；然而，一旦插足，那個攔阻
他的人就倒霉了！他打擊敵人，又快又

周作人所撰五十自壽詩

晚年的周作人

五〇年代的周作人

穩，再加上又準又狠，打一下子就滿夠了。」對於傅斯年，周作人終其一生，可說是絕不寬恕。這從他在獄中所寫的詩文，一直到後來傅斯年去了台灣，周作人也出獄，他還是不斷地對傅斯年進行討伐，直到傅斯年去世為止，可見一斑。這不禁使我們想到他和魯迅兩人，曾經兄弟怡怡四十年，但一旦反目成仇時，周作人在偶或提及魯迅時，還是語多譏諷。比如在給江紹原信中說道：「即如『魯』公之高升為普羅首領，近又聞將刊行情書集，則幾乎喪失理性矣。」而在魯迅去世後，周作人發表的文章中，仍保持著某種疏遠的姿態，在肯定魯迅知人論世的深刻，學術的成就，及不求聞達的精神之餘，仍不忘點明他的「多疑」。即使到晚年，周作人在《知堂回想錄》中對魯迅有所感念，但也還顯現出他們之間的距離感。而相對於魯迅，在兄弟失和事件帶來的創痛多少平復之後，魯迅私下談及周作人時卻表現出他的大度、公允，甚至還有某種程度的護惜之情。在魯迅回答斯諾夫

人「中國最優秀的雜文作家有哪些？」的提問時，魯迅列出的名單中第一位便是周作人；而在周作人因《五十自壽詩》受到左翼文壇嚴厲抨擊時，只有魯迅在給曹聚仁的信中給予了「同情的了解」，為其辯說「有諷世之意」。兄弟相較，此時魯迅卻顯得更「寬容」些。

因此一向以平和沖淡自居的周作人，有時卻有著「深刻潑辣」的一面，這正如他自己所說的：「平常喜歡和淡的文章思想，但有時亦嗜極辛辣的，有掐臂見血的痛感」。也就是說他一旦憤怒起來，會「抓到事件的核心，彷彿把指甲狠狠的掐進肉裡去的。」然而在抨擊傅斯年事件，甚至對整個「下水」附逆事件的辯解，周作人仍是為了「一己之私」，他從未認真去反思一個背棄民族大義的人，必陷於眾叛親離境地的必然性，而一味地指責他人，怪罪社會的炎涼。

論者指出，周作人一生有兩件事是他從沒有後悔過的，一是與魯迅的鬧翻，一是出任偽督辦。而在這一點上，他確實是保持了浙東地方性格中的「硬氣」，也可說是「溫雅中有鐵」。這不能不說是他性格中的另一面。而在肯定他在文學上的重大成就之餘，對於他這些矛盾的性格，我們也不能不加以辨明，或許它將使得我們更全面地了解一位作家。

註一：孫郁《魯迅與周作人》，河北人民出版社，一九九七。

第六章

還歷史一個真實

——讀《魯迅與我七十年》有感

記得胡適生前最不喜歡「我的朋友×××」之類的文章，因為身為考據家的他，深知這類文章，或為誇耀、或為沾光，有太多不可信之故也；而弔詭的是時人常常喜歡去追逐於「我的母親×××」之類的新聞，或為獵奇、或視為獨家，而認為有太多可信之也。因而「沾親者」有了挾持祖輩遺物的特權；而「帶故者」有了倚重親身交往而炫示的便利。他們開始口沫橫飛、誇誇其談，哪怕弄虛作假，也沒有人表示懷疑；哪怕張冠李戴，有沒有人加以辨駁，他們為傳主製造神話與傳奇，但卻要累壞了如胡適般的考據家，不知多少光陰。當然我們也不可全盤否定這些家屬親友，因為有許多後人晚輩、門生故舊，能秉持「不為親者諱、不為賢者諱」的原則，而如實地提供了一手的資料，而研究者正是透過這些珍貴的資料，再加上從傳主的文本去探求，那些在實際生活中遭受壓抑的情節和那些被深埋在心腑而無法言

宣的話語。而唯有如此才能一步步地逼近傳主的心靈深處，捕捉到他們真實的生命。

　　周海嬰身為魯迅唯一的兒子，他在晚年寫下了《魯迅與我七十年》，他說七十年來，他生活中的每一天都是與父親聯繫在一起的，但他本無撰寫回憶錄的念頭，「因為在大量的前輩回憶文字面前，我自知缺少這方面的資格。」然而由於「記憶的輪子卻已在不由自主地轉動起來。那些長期澱積於腦底，幾乎已被忘卻的往事，件件樁樁浮現出來，使我發現：自己這一生，確實經歷過，也聽到、看到過一些值得記錄的事。這當中，既有歡樂，也有酸辛，我為什麼不向人們坦白述說呢？這也許是我最後決心寫這本書的內心動力吧！」於是二十萬字加上一百八十幅的圖片，述說海嬰先生七十年來蒼老的往事，有周氏兄弟的失和、家族的敗落、文壇的恩怨、父親之死、手稿風波等等，錯綜複雜的事件交織在廣袤無垠的時空背景中。對於研究者而言，一手的史料與聽聞，常會讓人在茫茫的史海中，理出線索，找出根源，尤其是不為外人所得知的家族秘辛。雖然魯迅在世時，海嬰先生當時年紀太小，但日後他從叔叔周建人及母親許廣平的敘說中，獲取了珍貴的資料，而這些資料正足供研究者，參照佐證者。然因篇幅所限，在此僅能舉出數端，以見其餘。

　　魯迅與周作人在「五四」文壇，被稱為「周氏兄弟」。直到抗戰之前，這個稱謂一直作為一種令人企羨的名稱而存在著。魯迅極重兄弟情誼，我們從他當年在南京讀書時所作〈別諸弟詩〉：「謀生無奈日奔馳，有弟偏教各別離。最是令人淒絕處，孤檠長夜雨來時」，可見他對兄弟深情之一般。年輕時魯迅一直充當周作人的引路人，又為

支持周作人的生活而犧牲自己的學業，
提早回國謀職。周作人到北大教書，
也是魯迅引薦的。北京八道灣的房子買
下修好後，魯迅又把主房大院讓給周作
人一家住，自己則住在前院較差的房子
裡。此時兄弟的感情怡怡，他們有著驚
人的一致，一樣的情感，一樣的思想，
一樣的真誠…。但到了一九二三年七
月十四日，魯迅日記卻這麼記著：「是
夜始改在自室吃飯，自具一肴，此可
記也。」七月十九日又記載：「上午啟
孟自持一信來，後邀欲問之，不至。」
當天周作人給了魯迅一封絕交信，並
不理會魯迅的解釋，氣沖沖地走了。
於是八月二日魯迅帶著妻子朱安遷居磚
塔胡同六十一號，他永遠地離開了八道
灣，那曾經是他辛苦建立的家園。關於
兄弟失和的原因，至今雖仍是個謎，但
是其遠因如歷來親友及研究者所說的，
出於羽太信子的不善理家，用錢無度。
而導火線雖然海嬰有「一家之言」，
但總歸與舊時傳聞「失敬」、「聽窗」
同屬一類，倒是晚近研究者舒蕪先生在

周作人在日本（1910年）

北京八道灣11號

〈憶臺靜農先生〉文中，提到臺靜農曾告訴他，兄弟失和原因，更較為可信－「他說：周作人在北京西山養病時，魯迅忙於從各方面籌措醫藥費，有一次正是急需錢用的時後，魯迅替周作人賣一部書稿，稿費收到了，魯迅很高興，想著羽太信子也正著急，連夜到後院去通知羽太信子，不料後來羽太信子對周作人說魯迅連夜進來，意圖非禮，周作人居然信了。他說，周作人的文章那麼明智，實際世事就是昏得很。」而據周作人後來說，他當天的日記，還有十個字涉及與魯迅的矛盾，但被他剪掉了。這剪掉的十個字，可能真實記錄了當時他對此事與信子毫無二致的看法，也才有絕交信中的「我不是基督徒，卻幸而尚能擔受得起」，「大家都是可憐的人間」，「願你安心，自重」云云的話語。而十個月後魯迅返回八道灣取書，遭周作人夫妻的「罵詈毆打」，而信子面對眾人還述說魯迅「罪狀」並「多穢語」（注意體悟此三字內涵）時，「凡捏造未圓」，周作人在一旁「救正之」。面對周作人夫妻的「誤解」，不僅使魯迅極為難堪，更令他感到百口莫辯。以魯迅的性格，也只有此種「誤解」，能使他隱忍而不辯，但「背著兄弟媳婦過河」，卻導致瓜田李下之嫌，好心得不到好報，終使魯迅大病一場，前後達一個半月之久。

　　對於周作人，海嬰先生有諸多的憤懑，除了大都是魯迅三兄弟間留下的恩怨，還有著海嬰先生的親身感受，如八道灣房產之事，已經嚴重傷害了海嬰先生的母子，因此當我們閱讀這些情節時，應有「同情的理解」。在此想補充說明的，是兄弟失和後的一些情形，或有助於我們了解雙方性格的另一個側面。我們知道決裂後的兩人都避免公開談論對方，但私下的議論則時或有之。在創傷多少平復之後，魯迅

私下談及周作人時，表現出他的大度、公允，甚至還有某種程度的護惜之情。就如他在回答埃德加斯諾夫人，「中國最優秀的雜文作家有哪些？」的提問時，他列出的名單中居第一位的便是周作人（可惜這件事周作人生前並不知道）；周作人因〈五十自壽詩〉受到左翼文壇嚴厲抨擊時，唯有魯迅在致曹聚仁的信中，給予了「同情的了解」。而在病危高熱之際，魯迅還在讀著周作人的著作，或許他還想填補因兄弟失和帶來的情感世界的真空呢？有論者指出魯迅是中國現代最複雜、最痛苦的靈魂，從某種意義上説，周作人也是。他們都是寂寞的人，也在寂寞中達成相愛相知。因此一旦失去了對方，他們各自面對的世界將更加寂寞。然而相對於魯迅，周作人在失和後就顯得冷漠矜持得多了。他偶或提及魯迅，則語多譏諷，比如給江紹原信中道：「即如『魯』公之高升為普羅首領，近又聞將刊行情書集，則幾乎喪失理性矣。」一九三六年魯迅去世後，他發表的文章仍保持著某

斯諾夫人

種疏遠的姿態，在肯定魯迅知人論世的深刻、學述的成就及不求聞達之餘，仍不忘點明魯迅的「多疑」。

抗戰期間周作人「落水」成為漢奸，解放後他被保釋出獄，再度回到八道灣，雖有棲身之地，但他的家產已被沒收，他只能賣文為生。於是他在《亦報》上大寫起有關魯迅的文章，後來結集起來以周遐壽的名字出版了《魯迅的故家》和《魯迅小說裡的人物》兩本書。直到一九五六年紀念魯迅逝世二十周年時，他還寫了不少有關文章，後來以周啟明的名字出版了《魯迅的青年時代》。從魯迅逝世時，他只馬馬虎虎寫過兩篇文章，就拒絕別人的約稿，並說是以他的身分，是不便於寫此類文章的，到晚年為生活所迫，他大寫特寫。這種附驥於魯迅的作法，難免貽世人之譏。難怪許廣平就諷刺他，當初罵魯迅，現在吃魯迅。而即使如此，他又絕不承認他當年對待兄長的錯誤行為。我們看他晚年的《知堂回想錄》和他給友人曹聚仁、鮑耀明的信件中，知道他對當年的事，一直耿耿於懷，說不辯解，而實多方辯解。這一如他連落水做漢奸，這樣的大錯，也要曲為之辯。這不能不說周作人這一生中，兩件最教人遺憾的事。在這方面，他欠缺懺悔意識，更無法直面人生的。

對於魯迅與創造社的恩怨，後人多不明究裡。周海嬰書中提到，母親許廣平對創造社的成仿吾，後來在一九五九年接受蘇聯漢學家彼德羅夫訪問時說：「我們對魯迅不滿意是一九二七年大革命失敗後，我們皆拋離廣東，而魯迅卻前往廣東，他是被朱家驊利用，做了廣東大學的教務長，這是他落後處。直到他後來發覺，才回上海。」這種篡改歷史，有意誣衊魯迅的做法，當年就曾予以嚴重的駁斥。對於創

廣州中山大學的「大鐘樓」外景

造社，其實魯迅早在一九二六年十一月七日給許廣平的信就說：「其實我也還有一點野心，也想到廣州後，…與創造社聯合起來，造一條戰線，更向舊社會進攻，我再勉力寫些文字。」可惜的是，魯迅在次年一月到廣州任中山大學系主任兼教務長時，當時創造社成員大都星散。四月十五日廣州大屠殺，魯迅營救被捕學生無效後，即向校方辭職。這絕非是成仿吾所說的，在大革命失敗之後，才任教務長的。

郭沫若（左）、郁達夫（中）、
成仿吾（右）

而當魯迅於十月三日從廣州回到上海不久，創造社元老鄭伯奇等人，在十一月九日及十九日兩次拜訪魯迅，談到聯合作戰事，並商議共同恢復《創造周報》，提倡革命文學。而這件事，對早在十月上旬就赴日本，邀請馮乃超、朱鏡我、李初梨、彭康、李鐵聲五位「新銳的鬥士」回國，重振創造社雄風的成仿吾而言，是並不知情的。而先後在十月下旬及十一月上旬回上海的馮乃超諸人，雖然知情，但在郭沫若十一月上旬回滬與他們溝通後，他們並不採納鄭伯奇之提議。於是郭沫若乃電催成仿吾回滬商議，以作出定奪。十二月上旬成仿吾回到上海，經過一番磋商，據郭沫若指出當時成仿吾的態度是，「他堅決反對《創造周報》的復活，認為《周報》的使命已經過去了，支持回國朋友的建議，要出版戰鬥性月刊，名叫《抗洪》（後來這個名字沒有用，是改為《文化批判》）。對於和魯迅合作的事情大家都很冷淡。」因此研究者衛公在〈魯迅與與創造社關於「革命文學」論爭始末〉一文中，作出推論説：「郭沫若為了防止創造社的分裂，先做了退讓，同意照著成仿吾他們所樂意的計劃進行。鄭伯奇也讓步了，不再堅持自己的意見，但沒有向魯迅作妥善的安排和交待，就這樣有頭無尾的放棄了聯合魯迅的計劃。這實質上是犧牲了創造社與魯迅的團結而求創造社內部的團結，只顧防止內部的分裂而不顧聯合戰線的破裂。」又説：「聯合魯迅一事無形取消；原因也非什麼『編輯上的關係』，而是剛回國的人們的激烈反對（似乎主要取決於成仿吾與朱鏡我兩人的態度）。」海嬰先生道出事隔三、四十年後，李初梨等人還在大罵魯迅，甚至指責許廣平，正為這段恩怨，提出珍貴的歷史佐證。

海嬰先生在〈父親的死〉中的〈一個長埋於心底的謎〉一節，提

到魯迅死於日本軍醫須藤誤診之說，雖然那已不是個新的說法。早在一九四九年周建人已在《人民日報》寫過〈魯迅的病疑被須藤醫生所耽誤〉的文章，而到了一九八四年，紀維周、蔡瓊等更為文支持這個論點。只是也因此而引發日本人的施壓，當時北京方面，在不妨礙中日邦交的狀況下，自身模糊焦點。使得日本方面，做出〈魯迅兒子周氏否定魯迅之死與日本原軍醫有關的論點〉及〈魯迅死因之謎的論爭可以終止了〉等報導，完全撇清這事件。也因此二十年來，無人再提此事，歷史的真相就這樣被掩蓋了。所幸海嬰先生終於在十七年後，再提出這個長埋心底的真相。有關此事件的來龍去脈，筆者已在另文闡述過，在此不多費筆墨。唯對王元化先生在本書序文中提到，「另外魯迅在有人提醒他之後，為什麼堅持不換醫生，這也是一件懸案」及「須藤醫生曾建議魯迅到日本去治療，魯迅拒絕了」（案此或是根據海嬰先生之說法），兩件事提出個人的看法及事實的真相。

我們知道魯迅是在日本學醫的，只是後來「棄醫從文」。他曾和醫學教授藤野嚴九郎，結下了深厚的師生情誼。我們從魯迅寫於一九二六年的〈藤野先生〉一文，可見一斑。也因此魯迅對於日本醫生有特別的偏好，我們從《魯迅日記》中查得，在北京時期有池田由友及山本忠孝兩位日本醫生。而在上海的十年中，魯迅、許廣平、周海嬰看過的日本醫生分別有：婦產科醫師久米治彥、高山章三、菅又吉，外科醫師頓宮寬（福民醫院院長）、岡本繁、吉田篤二，內科醫師秋田康世、松井勝冬，小兒科醫師坪井芳治（周海嬰的義務主治醫師）、樋口良平，耳鼻喉科醫師濱之上信隆，牙科醫師奧田杏花，還有兼看耳鼻喉科、內科、小兒科的石井政吉和診治各科，也是魯迅晚年的主治

藤野嚴九郎（1874－1945）

魯迅避難的山本醫院

醫師的須藤五百三。而一九三六年六月十五日，魯迅根據松井醫師的指示，曾在上海福民醫院做「胸部X光」照。而在同年十月十八日下午，在魯迅病情急遽惡化之際，在須藤醫師的委託下，石井政吉和松井勝冬曾一起會診。這在魯迅的日本好友，當時在上海開「內山書店」的內山完造的〈憶魯迅先生〉文中亦有提及。總之，魯迅與日本醫師是比其他人多一層感情因素，他們很容易成為好友。例如石井政吉就是內山書店以魯迅為中心的談話會（文藝漫談會）的一員，《魯迅日記》中多有記載；而奧田杏花和魯迅更有十年的交往情誼，魯迅逝世時，就是他為魯迅製作了面膜。另外像增田忠達，更是日本漢學專家、魯迅研究者——增田涉（案：海嬰先生在書中第一百二十二頁還附有他和增田涉的合照）的父親。試想如此狀況下，魯迅在沒有實際證據下，會無緣無故換掉醫生嗎？

至於到日本養病一事，魯迅原是有考慮去的。據友人黃源在〈魯迅先

生〉一文中説：「那時天氣漸漸熱起
來，他本想七、八、九（案：指一九三
六年）三個月往日本去養病。起初想到
鐮倉，那裡須藤先生有熟人，可以就
近照料，但覺得離東京太近，怕新聞記
者纏。後來想到長崎，有一天我去，看
見書桌上放著兩本《長崎旅行案內》之
類旅行指南書。但長崎沒有熟人，他
覺得住HOTEL太貴，住『下宿』或租
『貸家』又太麻煩。『那時我要一天到
晚給他們（指家裡的人）當翻譯了。』
他説。」而魯迅在同年八月二日給茅
盾的信也説：「醫師已許我隨意離開
上海。但所住之處，則尚未定。先曾決
赴日本，昨忽想及，獨往大家不放心，
如攜家族同去，則一履彼國，我即化為
翻譯，比在上海還要煩忙，如何休養？
因此赴日之意，又復動搖，唯另覓一
能日語者同往，我始可超然事外，故究
意如何，尚在考慮中也。」到八月十六
日魯迅給茅盾的信，還有「轉地實為必
要，至少，換換空氣，也是好的。」的
字眼，只是由肋膜及咳血之故，而有所

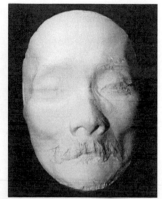

魯迅逝世後的石膏面膜

周海嬰與增田涉（左）

改變。他在八月三十一日給茅盾的信就說：「我肺部已無大患，而肋膜還扯麻煩，未能停藥；天氣已經秋涼，山上海濱，反易傷風，今年的『轉地療養』恐怕『轉』不成了。」因此海嬰先生的轉述「記得須藤醫生曾代表日本方面邀請魯迅到日本去治療，遭到魯迅斷然拒絕，說：「日本我是不去的！」的話，似乎是根據魯迅在九月十八日給許杰的信中「我並沒有預備到日本去休養；但日本報上，忽然說我要去了，不知何意。中國報上如亦登載，那一定從日本報上抄來的」。魯迅當時有如此決然的口吻，是基於當時中日關係越來越緊張，日本即將成為「全民公敵」，他此時焉有赴日就醫之理呢？加上面對國內一些文壇小醜的無端攻擊、毀謗，他要戰鬥下去，因此他留在上海，這在他死前的四天給臺靜農的信，可見一斑。因此他把自己的病置之度外，他拿起「匕首」、「投槍」，也就是他所說的「輕傷不下火線！」。除此而外，好友許壽裳則認為「他大病中之所以不請D醫開刀，大病後之所以不轉地療養，『何時行與何處去』，始終躊躇著，多半是為了這經濟的壓迫」，因為當時魯迅的經濟來源，只靠版稅和稿費，而「所有仰事俯畜，旁助朋友，以及購買印行圖書等費，盡出於此。但是版稅苦於收不齊，賣稿也很費力」。

於是我們看到魯迅一面與死神搏鬥，一面卻緊握手中之筆，寫下〈答徐懋庸並關於抗日統一戰線問題〉、〈關於太炎先生二三事〉、〈我的第一個師父〉、〈論現在我們的文學運動〉、〈半夏小集〉、〈這也是生活〉、〈死〉、〈女吊〉，以及七則〈「立此存照」〉⋯。死的預感，沒給魯迅萬念俱灰，卻更添活力，這也是他的一貫「反抗絕望」的精神。在病情略有轉機的深夜，魯迅感覺到：「街燈

的光穿窗而入，屋子裡顯出微明，我
大略一看，熟識的牆壁，壁端的稜線，
熟識的書堆，堆邊的未訂的畫集，外
面的進行著的夜，無窮的遠方，無數的
人們，都和我有關。我存在著，我在生
活，我將生活下去，我開始覺得自己更
切實了，我有動作的欲望」，臨終前魯
迅的身影，是熱愛人間的！！那是歷史
的真實！！

魯迅攝於第二回全國木刻流動展覽會上

第七章

父子情

——兼談魯迅死於須藤誤診之說

一九二九年九月二十七日周海嬰出生於上海，這也是魯迅給他取名為「海嬰」的由來。而據許廣平說她生海嬰時，魯迅將她送入產房，經歷二十七、八小時，還生不出來。在瀕死之際，醫生曾經徵詢過魯迅的意見，魯迅不待思索地說：「留大人。」，但意外地兩條生命都終於保存下來了。魯迅對於子嗣之有無，素不介懷。加上當時，反動壓迫之烈、生活之困苦（他在一九三二年六月五日給臺靜農的信中就說：「負擔親族生活，實為大苦，我一生亦大半困於此事，以至頭白，前年又生一孩子，責任更無了期矣。」），後顧無憂，使他反以為快，而今有了這意外的收穫，就更值得寶愛了。他說：「既已生之，必須育之。」如果「只顧現在，不想將來」，「卻不能不說是一個更大的錯誤。」基於此，魯迅對海嬰是愛護有加的，因此在同年十二月二日署名「常工」的反對者，在北平《新晨報副鐫》發表〈橋畔偶筆〉，以海嬰的誕生

周海嬰滿百日的魯迅全家福

魯迅與周海嬰，1930年9月25日。

來挖苦攻擊魯迅。魯迅在給韋素園的信就說：「（海嬰）生後不滿兩月之內，就被『文學家』在報上罵了兩三回」，而在給章廷謙的信又說：「生後只半歲，而南北報章，加以嘲罵者已六、七次了。」魯迅認為這都是他自己「罪孽深重，禍延孩子」，也因此敵人罵海嬰愈烈，他就愛海嬰愈深。偏偏海嬰又活潑好動，魯迅在一九三四年八月七日給增田涉的信就這麼說：「……但海嬰這傢伙卻非常頑皮，兩三日前竟發表了頗為反動的宣言，說：『這種爸爸，什麼爸爸！』真難辦。」，而好友許壽裳在《亡友魯迅印象記》中也說：「海嬰生性活潑，魯迅曾對我說：『這小孩非常淘氣，有時弄得我頭昏，他竟問我：爸爸可不可以吃的？我答：要吃也可以，自然是不吃的好。』」

　　魯迅的愛憐獨子，在所其寫的舊體詩中表露無遺。海嬰先生雖沒在《魯迅與我七十年》的回憶錄上多加著墨，但在書中第四頁及第二十九頁分別附上魯迅原詩的墨寶。前者是魯迅寫於一九

三二年十月十二日的〈自嘲〉云：「運交華蓋欲何求，未敢翻身已碰頭。破帽遮顏過鬧市，漏船載酒泛中流。橫眉冷對千夫指，俯首甘為孺子牛。躲進小樓成一統，管他冬夏與春秋。」其中「孺子牛」句，除有引申義外，是指他鍾愛海嬰之景況，他在給增田涉信上就曾自嘲道：「我為這孩子頗忙，如果對父母能夠這樣，就可上二十五孝了。」而許廣平則更深情的回憶道：「我和海嬰，真教他操不小的心……有時嘆一口氣，說：『唉！沒有法子，自己養的。』這句話不是懷悔，是真有『俯首甘為孺子牛』的心情的。」而後者是魯迅在同年十二月三十一日寫的〈答客誚〉，其詩云：「無情未必真豪傑，憐子如何不丈夫。知否興風狂嘯者，回眸時看小於菟。」許壽裳曾解釋此詩說：「這大概是為他的愛子海嬰活潑會鬧，客人指為溺愛而作。」又說此詩「寫出愛憐的情緒」。其中「回眸時看小於菟」中的「於菟」是指老虎。明朝解縉〈題虎顧眾彪圖〉云：「虎為百獸尊，誰敢觸

魯迅的〈自嘲〉詩

鲁迅・误过的人

無情未必真豪傑 憐子如何不丈夫
知否興風狂嘯者 回眸時看小於菟

魯迅書

魯迅的
〈答客誚〉詩

一九三三年
九月十三日

魯迅五十三歲時全家合影

其怒？惟有父子情，一步一回顧。」魯迅在詩中除了表達對海嬰的憐愛外，亦有著對他極深的期許，雖然不希望他做個空頭文學家，但總希望他「虎父無犬子」。

魯迅的舐犢情深，化為海嬰書中的孺慕之思。我們看幼小的海嬰這麼說：「我早晨起床下樓，腳步輕輕地踏進父親的門口，床前總是一張小茶几，上面有煙嘴、煙缸和香菸。我取出一支插入短煙嘴裡，然後大功告成般地離開，似乎盡到了極大的孝心。許媽急忙地催促我離開，怕我吵醒『大先生』。

偶爾，遇到父親已經醒了，瞇著眼睛看看我，也不表示什麼。就這樣，我懷著完成一件了不起大事的滿足心情上幼稚園去。」又說：「……中午吃飯的時候，總盼望父親對自己安裝香菸的『功勞』誇獎一句。不料，父親往往故意不提。我忍不住，便迂迴曲折地詢問一句：『今朝煙嘴裡有啥末事？』父親聽後，微微一笑，便說：『小乖姑，香菸是你裝的吧！』聽到這句話，我覺

得比什麼獎賞都貴重，心裡樂滋的，飯也吃得更香了，父親和母親也都相視一笑，借此全家人暫離愁城。」「……但是不幸終於來臨了。這年的十月十九日清晨，我從沉睡中醒來，覺得天色不早，陽光比往常上學的時候亮多了。我十分詫異，許媽為什麼忘了叫我起床？連忙穿好衣服。這時樓梯輕輕響了，許媽來到三樓，低聲說：「弟弟，今朝儂勿要上學堂去了。」我急忙問為什麼。只見許媽眼睛發紅，但卻強抑著淚水，遲緩的對我說：「爸爸嘸沒了，儂現在勿要下樓去。」我意識到，這不幸的一天，終於降臨了。我沒有時間思索，不顧許媽的勸阻，急促地奔向父親的房間。父親仍如過去清晨入睡一般躺在床上，那麼平靜，那麼安詳。好像經過徹夜的寫作以後，正在作一次深長的休憩。但房間的空氣十分低沉，壓得人喘不過氣來。母親流著眼淚，趕過來拉我的手，緊緊地貼住我，像是生怕再失去什麼。我只覺得悲哀從心頭湧起，挨著母親無言地流淚。父親的床邊還有一些親友，也在靜靜地等待，似乎在等待父親的醒來。時間也彷彿凝滯了，秒針一秒一秒地前進，時光一分一分地流逝，卻帶不走整個房間裡面的愁苦和悲痛。」

　　關於魯迅之死，周海嬰在〈一個長埋於心底的謎〉一節中，指出應該是死於須藤醫生的誤診。我們據資料得知，須藤五百三（一八七六～一九五九）祖籍日本岡山縣，一八九六年畢業於第三高級中學醫學部（現岡山大學醫學部），先後任日本陸軍軍醫，朝鮮總都府府立黃海道慈惠醫院院長。一九一八年前後到上海開業，一九三四年成為魯迅的主治醫生。海嬰先生的說法，是根據叔叔周建人一九四九年七月十四日給許廣平的信，及同年十月十九日周建人發表在《人民日報》的

文章，而舊事重提的。其中給許廣平的信，已收錄在《魯迅與我七十年》書中，此處不再贅述；唯周建人的〈魯迅的病疑被須藤醫生所耽誤〉一文，沒被收錄，更未見於周建人之文集中，連《魯迅研究資料索引》亦不見其文，是為一篇佚文。然因是第一手資料，故特引述如下──

魯迅病前常到內山書店裡去買書，因此認識了一個日本老醫生，姓須藤。很沉靜而謙和。知道點中國歷史，讀過本草綱目（有日本譯本）等書。認識後，魯迅自己，有時也介紹別人，有小毛病時叫須藤去看看。須藤看病也還認真，取費也低廉。魯迅肺病復發時，也就叫他去看了。須藤說，的確是肺病，但像他（魯迅）的年紀，絕不會死於肺病。

據魯迅說，須藤本為日本軍醫官。在日俄戰爭時曾出過力。因晝夜醫治傷兵，用Ｘ光線找尋子彈所在，結果，自己的生殖線受了損傷，所以一生不曾生過孩子。因年老退休，現在自己做做醫生。

我又從別處聽來：上海有一個日本在鄉軍人（即退伍軍人）的會，是一個侵略性的團體，須藤擔任副會長。又知道須藤家的電話所講的多般不是醫藥上的事情，卻多數是中日間的交涉與衝突。

我遂去勸魯迅不要再請教須藤醫生。但結果無效。

魯迅的病漸漸沉重起來。但過了一個時期，又好像好起來了。可是忽然急劇的氣喘發作，很快的就死去了。據須藤說：因肺結核穿孔，空氣外漏，心臟受壓迫，所以氣喘。無法可治，所以死了。

魯迅去世後，我即收到一封交通大學寄來的信，具羅××（名字已忘記）。他猜疑魯迅係日本醫生所謀害。並要求我如查無實

據，給他保守秘密（不要宣傳他的這種推測）。我看後，便把他的信燒掉了。

　　但至少有一點是可疑的（別方面沒有證據，不能說什麼）：疑魯迅的病被須藤醫生所耽誤。魯迅病重時，也曾經看過肺病專門醫生，據那醫生說：病已嚴重，但還可醫治，第一步須急把肋膜的積水抽去，如果遲延，必不治。問須藤醫生時，回答是說：肋膜裡並沒有積水。過了約莫一個月的時間，須藤又說確有積水，才開始抽積水。

　　又，魯迅死後，治喪委員會要須藤寫治療經過的報告。可是報告裡所說，與實際治療不大相符合。好像抽肋膜積水一節移前了一個時期。

　　所以至少可以說魯迅的病疑被須藤醫生所耽誤。——前一些時，向上海去打聽須藤醫生的情形時，早已不知去向，可能早隨日本兵隊撤走無法查考了。

　　十三年來沒有提起過羅××先生的猜度，今天提一下，以表明他關心魯迅的好意。

　　針對周建人的說法，我們找出須藤當時發表在一九三六年十一月十五日，上海《作家》月刊第二卷第二期的〈醫學者所見的魯迅先生〉一文[註1]，及其附錄的〈魯迅先生病狀經過〉。與魯迅的《日記》作一對照，發現須藤在病歷表上，有明顯地作偽痕跡；而且是事後篡改的，也就是周建人所說的「抽肋膜積水一節移前了一個時期」。就以一九三六年三月二十八日為例：須藤的報告說：「第一次進行穿刺術取胸液，約得三〇〇公分。」；而《魯迅日記》記載這天：

「曇。上午得增田君信，午後覆。寄吳朗西信。下午得唐弢信。得孟十還信。蕭軍及悄吟來。得《漱石全集》（十三）一本，一元七角。晚蘊如攜蕖官來。三弟來。夜小峰夫人來並交小峰信及版稅泉二百，付印証四千。邀蕭軍、悄吟、蘊如、蕖官、三弟及廣平攜海嬰同往麗都影戲院觀《絕島沉珠記》下集」。魯迅整天行程排得滿滿的，並沒有時間也沒有必要去做「穿刺術」。因為魯迅之大病要等到同年五月十六日以後，才連續發熱並氣喘，那時他可以說是天天與須藤見面，不是魯迅到須藤開設的醫院，就是須藤前來就診。只是經過半個月，並沒有明顯的改善，卻日漸沉重。於是經許廣平、馮雪峰的請求，魯迅同意史沫特萊請美國肺科專家鄧（Dunn）醫生來診。在史沫特萊與茅盾的陪同下，於五月三十一日鄧醫生對魯迅的病進行了檢查，他認為魯迅有罕見的抵抗力，並確認他的病情嚴重。「抽掉肋膜邊的積水」，是鄧醫生來診提出的治療方案。同年六月十五日魯迅照了「胸部X光片」，證實了鄧醫生的診斷。須藤這才有抽胸液的舉動，亦即說，抽胸液當在六月十五日當天或之後。也因此三月二十八日之抽胸液，顯係為推卸誤診之責任，而後來補填的。況且他在六月十五日的病歷報告記載：「從右胸抽取胸水（第二回），採得帶黃半透明液體一〇〇公分」，其中特別注明是「第二回」。而六月二十三日的病歷云：「第三次抽取胸水，全量百公分，較前十五日所採得者稍黃而濃。咯痰多結核菌陽性膿球。」六月二十三日距六月十五日才八天，何來「較前十五日所採得者」，這不是相互矛盾、明顯地作偽嗎？可惜的是，這時魯迅病得很嚴重，因此日記從六月六日起中斷了，一直到六月三十日才再續記。因此我們無由從日記去比對，在這段時間內

96

魯迅有無做過抽取胸液之事。但若周建人的回憶是屬實，則須藤抽取胸內積水要到八月初以後，也就是魯迅《日記》八月七日所記載的：「……往須藤醫院，由妹尾醫師代診，並抽去肋膜間積水約二百格蘭（案：相當於兩百毫升），注射Tacamol一針。廣平、海嬰亦去。」當為須藤首次的抽取肋膜積水。因此魯迅死於須藤拖延病情與誤診殆無疑問，至於其動機若是蓄意或有其他目的，則還需進一步的直接証據。

周建人的懷疑經過近半個世紀，到一九八四年二月上海魯迅紀念館和上海市第一結核病防治院，曾就魯迅「胸部X光片」遺物，邀請上海九家醫院二十三位肺科、放射科學者專家，重新研究鑒定，作出了「魯迅不是直接死於肺結核病，而是死於自發性氣胸」的「新」結論，但並沒有提出須藤誤診的事。而在同年四月五日紀維周先生在《南京日報・周末》三版發表〈揭開魯迅死因之謎〉、同年七月二十一日北京《團結報》也刊出蔡瓊先生的〈魯迅先生並非死於肺病〉一文，紀、蔡兩人的文章，同時提出了「須藤誤診」的論點，而這論點卻引發日本人的不快。因此據學者朱正在二○○二年四月十二日發表於《文匯讀書周報》的〈魯迅死因「正、反、合」〉一文指出，當年為不破壞中日邦交，北京魯迅研究專家陳漱渝在一九八四年八月二十五日撰文説：「筆者於八月二日就魯迅死因問題詢問了魯迅先生的公子周海嬰，周海嬰委託筆者説明：紀維周的文章，對魯迅的死因進行推測，但未提供任何新的確鑿的史料，不能代表中國魯迅研究界的看法，也不代表他本人的看法。」而第二天，東京《朝日新聞・朝刊》即刊出〈魯迅兒子周氏否定魯迅之死與日本原軍醫有關的論點〉一

梁啟超

魯迅全家（右）與馮雪峰全家（左）

文，同年九月十二日《朝日新聞·夕刊》又報導了《南京日報·周末》批評紀維周的一則編者按，題為〈魯迅死因之謎的論爭可以終止了〉，副題是「中國報紙刊登了自我批評」。一件追求真相的探索，在當時成了政治事件，而學界、輿論又礙於「外交上的妥協」，噤不敢出聲。於是日本方面可說獲得全勝，從此做成定論，再沒有雜音。但正如朱正所說的，沒想到在二〇〇一年周海嬰在《魯迅與我七十年》書中，又把這舊案翻出，但比最早的周建人文章、比後來紀維周、蔡瓊的文章，都說得更詳細、更具體、更有材料，也更無游移。只是這聲音似乎來得太晚了。

魯迅的死於誤診，不禁令我們想起，當年梁啟超的死於庸醫的割錯腎臟。當時曾因此在《現代評論》及《晨報副鐫》上引發了一場爭論，儘管因為陳西瀅、徐志摩之故，這場論戰被魯迅譏諷為「自從西醫割掉了梁啟超的一個腰子以後，責難之聲就風起雲湧了，連對於腰子不很有研究的文學家也都『仗

義執言』」。但無庸置疑地，梁啟超以
五十七歲溘然去世，魯迅死時也不過是
五十六歲，他們都是過早的離開人間，
而且是死於庸醫之手，這對於中國文化
之損失，不可不謂大矣。雖然晚年的魯
迅，宛如一根繃得太緊的繩索，他早已
一股接一股地斷裂；生命之火，也像即
將燃盡的燈焰， 愈來愈弱。但他分明
前兩天還在寫文章，還在散步、訪友，
計劃著搬房子。友人吳朗西就回憶說，
「魯迅前一天還拿著《凱綏‧珂勒惠支
版畫選集》縮印本去送鹿地君，在外面
受了風寒，氣喘復發，以致……。」一
九三六年十月十九日的黎明之前，魯迅
永久地闔上他的雙眼，他要永遠地「休
息」了，那曾是他一年前的話語，如今
卻一語成讖了。但他卻仍舊活在兒子海
嬰的心中，活在無數廣大國人的心中，
我們彷彿看到「約莫三、四十歲，狀態
困頓倔強，眼光陰沉，黑鬚、亂髮，黑
色短衣褲皆破碎，赤足著破鞋」的「過
客」，背著因襲的重擔，肩著黑暗的閘
門，帶著「反抗絕望」的悲壯形象迎面

魯迅在行走

而來。我們定睛一看，那不就是我們熟悉的魯迅的身影……。在「凍滅」與「燒完」中，他選擇了後者；在短暫的歲月中，他卻照亮了你我的生命。

註1：日本學者北岡正子認為，1936年10月20～22日發表於《上海日報》（日文報紙）的夕刊（晚報版）的〈醫者所見之魯迅先生〉，是須藤的第一篇以日文寫的追悼文；而〈醫學者所見的魯迅先生〉（《作家》月刊）當為第二篇，兩者有相當大的不同。另三月很可能是五月的訛誤，但究竟是原筆跡辨識不易，或譯者解讀錯誤，或校對出錯，就無法辨別了。見北岡正子〈有關《上海日報》記載須藤五百三的「醫者所見之魯迅先生」〉，《魯迅研究月刊》，2003年第11期。

第八章

長夜憑誰叩曉鐘

——許壽裳為魯迅而死

一九三六年十月十九日凌晨五時二十五分，魯迅病逝於上海大陸新村寓所。身為魯迅終生的知己的許壽裳先生，當時任北平大學院院長，因當時日軍在平津步步進逼，加上國民黨特務又鎮壓學生抗日。許壽裳為了保護學生免受迫害，他和曹亞聯（曹靖華）留校維護局面，並未去滬送葬。據該校學生又是《北平新報》通訊員的段若青在〈憶許壽裳老師〉一文中説，當時她和葛琳、游競源、周佩瓊等五人曾去要求參加魯迅逝世開追悼會的事，「許院長説：『我知道你們敬仰魯迅先生，想參加追悼會，但學校已接到通知，不讓學生為此集合，怕招惹事端，為你們的安全，勸你們不要上街……魯迅先生是我的同鄉、同學幾十年摯友，我痛失老友心中也很難過的……』。許院長含著眼淚沉默了。……許院長停了一會兒説：『目前形勢不利，可以在院內開個追悼會，我請老師作報告，向你們講講魯迅先生的為人，魯迅

許壽裳

魯迅在東京，1909年。

先生每出一本書都要送我一本，他的書是很多的。他寫的信也很多，幾十年的都在，還有照片，我拿出來給你們開個展覽會，到時再出布告。」許壽裳為顧全大局，他忍痛株守於北方，對於老友之身故，他只能暗自悲傷。直到次年的一月三十一日，他才得便南返上海，他馬上去拜訪魯迅夫人許廣平，並偕往萬國公墓，以花圈獻於魯迅先生墓前，並口占一絕，痛哭老友，詩云：「身後萬民同雪涕，生前孤劍獨衝鋒。丹心浩氣終黃土，長夜憑誰叩曉鐘。」[註1]

回顧許壽裳與魯迅之定交在一九〇二年，兩人先後入日本弘文學院起，至一九三六年魯迅去世止。其間歷三十五年之久，兩人之交誼未嘗少衰。據許世瑛先生撰之〈先君許壽裳年譜〉[註2]記載：一九〇七年許壽裳「仍就讀東京高等師範學校史地科，並從章太炎先生學；復於課餘，偕魯迅、周起孟、陳子英（濬）、陶望潮、汪公權諸先生，赴東京神田區，俄人孔特夫人（Maria Konde）寓中，學習俄文。後

以財力不繼，無法支撐而散。夏，與魯迅等籌辦文藝雜誌《新生》，因缺資金，未果。」一九〇八年，「與魯迅、周起孟、錢均夫、朱謀宣四先生同住，署其寓曰：『伍舍』。冬，以朱、錢二先生移居他處……而與魯迅先生昆仲二人，暫時同住於其新租賃之小屋……」。

一九〇九年許壽裳回國，任職浙江兩級師範學堂教務長。之後，魯迅也返國，由許壽裳薦之擔任生理學、化學老師，兩人共事了一段時期。辛亥革命後，蔡元培任教育總長，聘許壽裳任教育部部員，他旋向蔡元培推薦魯迅，蔡元培素慕魯迅才學，即請許壽裳馳函至紹興，敦請在紹興執教的魯迅到南京就職。「故友重逢，分外親切，晝則同桌辦公，夜則聯床其話。」後來教育部北遷，他們兩人也跟著北上，許壽裳時任教育部普通教育司第一科科長；魯迅則任社會教育司第一科科長。同年八月改任教育部僉事。一九一四年許壽裳兼任北京大學及北京高等師範學校講

魯迅與許壽裳在東京合影，1909年。

蔡元培

魯迅愛遇的人

北京女子師範大學

師，公餘與仍在教育部任職的魯迅共同研究佛經。一九一八年魯迅第一篇小說〈狂人日記〉發表於《新青年》第四卷第五號。一九二〇年秋，魯迅兼任北京大學及北京高等師範學校講師；而同年冬許壽裳辭江西省教育廳長，回北京，返教育部任編審。一九二二年夏，許壽裳任國立北京女子高等師範學校校長，次年秋，敦請魯迅來校講授《中國小說史》，影響甚巨。一九二五年一月，女師大（案：一九二四年北京女子高等師範學校改為女子師範大學，而許壽裳在此之前已辭校長職，繼任者為楊蔭榆）學潮開始，要求撤換校長楊蔭榆。魯迅支持進步學生，起草〈對於北京女子師範大學風潮宣言〉，由七位教授聯名發表於五月二十七日之《京報》，但卻因此被教育總長章士釗予以免職。同年八月許壽裳因章士釗違法免職魯迅，因此與教育部視學齊壽山共同發表〈反對教育總長章士釗之宣言〉，指斥其非，亦被免職。

一九二六年「三、一八」慘案發

生，許壽裳得悉女師大學生當場遇害者劉和珍與楊德群兩人，受傷者六、七人，即偕新任教務長林語堂同車趕赴國務院察看，嗣後傳聞段祺瑞政府將通緝學者名人約五十人，而許壽裳和魯迅均在名單上，於是同入德國醫院避難，到五月才返家。一九二七年二月許壽裳應廣東中山大學之聘，任文學系教授，時魯迅任該校文學系主任兼教務主任，兩人又再度成為同事，許壽裳並與魯迅同住「大鐘樓」，後又一同遷出學校，移居學校外之「白雲樓」。同年四月十五日，魯迅因營救被捕學生無效而向中山大學辭職，許壽裳亦向校方辭職，兩人可說是同進退。

我們從後來許壽裳寫於一九四七年五月的《魯迅的思想與生活》[註3] 一書的序文就可知一二，他說：「我和魯迅生平有三十五年的友誼，『同聲相應，同氣相求』，在東京訂交的時候，便有縞帶紵衣之

「三・一八」慘案追悼會

情，從此互相關懷，不異於骨肉。他在我的印象中，最初的而且至今還歷歷如在目前的，乃是四十餘年前，他剪掉辮子後的喜悅的表情；最後的而且永遠引起我的悲痛的，乃是十年前，他去世兩個月前，依依惜別之情。時為七月二十七日，他大病初愈，身體雖瘦，精神已健，我們二人長談一日，他以凱綏‧珂勒惠支的《版畫選集》題詞贈我，詞曰：『印造此書，自去年至今年，自病前至病後，手自經營，才得成就，持贈季市一冊，以為紀念耳』。晚上告別時，他還問我幾時再回南，並且下樓送我上車。這次下樓送我在本年還是第一次，因為前幾次他都臥病在床，不能下樓，那裡料得這一次的門前話別，便是我們的永訣呀！」許壽裳又說：「魯迅之喪，我在北平，不能像漢朝范式的素車白馬，不遠千里地奔張劭之喪，一直遲到寒假，才得回南，至上海公墓中魯迅墓地，獻花圈以申「生芻一束」之忱，歸途成了一首〈哭魯迅墓〉詩。」

一九四六年六月二十五日，許壽裳應台灣省行政長官公署長官陳儀之邀請抵台，任台灣省編譯館館長。除重建戰後台灣文化外，實現他長年以來想寫魯迅傳和蔡元培傳的心願，是許壽裳決心赴台的主要原因。我們從一九四〇年十月十九日的《許壽裳日記》註4 即可得知：「魯迅逝世已四周年，追念故人，彌深愴慟，其學問文章，氣節德行，吾無間然，其知我之深，愛我之切，並世亦無第二人，曩年匆促間成其年譜，過於簡略，不慊於懷，思為作傳，則又苦於無暇，其全集又不在行篋，未能著手，只好俟諸異日耳。」其實早在許壽裳來台的一個多月前，也就一九四六年五月十八日，他已開始起草《亡友魯迅印象記》，完成三則，至一九四七年五月二十六日，全書二十五章

完成。後經許廣平在上海奔走斡旋，於
同年十月由上海峨眉出版社出版。

　　論者張夢陽指出「許壽裳是魯迅的
終生摯友，像他這樣長期與魯迅深交的
人，還找不出第二個，加以許壽裳本人
思想深邃，為文嚴肅，評騭中肯，文筆
醇厚，使得這本書成為中國魯迅學史上
一部經典性的魯迅回憶錄，是有心研究
魯迅者不可不讀的。」註5 又說：「許
壽裳還另有一本回憶和評論魯迅的書
《魯迅的思想與生活》，一九四七年六
月由台灣文化協會出版，收入許壽裳歷
年所寫的〈魯迅的人格和思想〉、〈魯
迅的精神〉、〈魯迅的德行〉、〈魯
迅和青年〉、〈魯迅的生活〉、〈懷
亡友魯迅〉等十篇文章。後來北京人民
文學出版社把這本書連同另外收集到的
〈我所認識的魯迅〉、〈魯迅與民族性
研究〉等文合為一書，名為《我所認識
的魯迅》（王士菁編），一九五二年六
月出版，次年再版，一九七八年三版，
產生了巨大的影響……不過，值得注意
的是後來出版的《我所認識的魯迅》一

《亡友魯迅印象記》書影

《魯迅的思想與生活》書影

107

晚年的許壽裳

書，對許壽裳的原文進行了多處刪改，有損於許壽裳的原意，也不利於後人對魯迅的全面理解。」註6

許壽裳從一九四六年六月抵達台北，到一九四八年二月十八日被害身亡，僅二十一個月，據粗略計算，就撰寫和演講介紹中華文化和魯迅先生業績達二十餘篇（次），出版研究和紀念魯迅的專著三本。學者北岡正子（日）和黃英哲在〈關於「許壽裳日記」的解讀〉註7一文中指出：「許壽裳履職的約一個月以前的五月二十日，《中華日報》（台南）的文藝欄〈文藝〉的〈名作巡禮〉欄，刊登了R（龍瑛宗的筆名）的〈阿Q正傳〉（日文）。在此之前，談及魯迅的報導很少。魯迅忌日的十月十九日，《中華日報》登載了龍瑛宗的〈中國近代文學的始祖──在魯迅逝世十周年紀念日〉（日文），以及楊逵的近代詩〈紀念魯迅〉（日文）。《和平日報》（台中）的文藝欄〈新世紀〉第六十八期，也刊載了幾篇紀念魯迅的文章，許壽裳的〈魯迅和青年〉登

在首頁，這是台灣初次公開刊登他寫魯迅的文章。十一月一日，台灣
文化協進會的機關誌《台灣文化》第一卷第二期，推出《魯迅逝世十
周年特輯》，這是在戰後台灣初次綜合性介紹魯迅，也是當時的新聞
雜誌中唯一以魯迅為題製作的特輯。許壽裳應台灣協進會之邀，寫了
〈魯迅精神〉一文，……《台灣文化》的《魯迅逝世十周年特輯》的
〈後記〉表示，許壽裳是最了解魯迅的人，他的文章充分表現了『偉
大的導師』魯迅的精神；此外，並以『我們相信這一本《紀念魯迅特
輯》對於台灣文化的貢獻一定不少』終結，至此，接受魯迅精神為戰
後台灣的新文化支柱，及視許壽裳為理解魯迅第一人的事實，不語自
明。」

　　許壽裳的在台灣大力提倡魯迅，使他惹來殺身之禍。許壽裳的姨
侄張啟宗在〈許壽裳先生在台被害五十年記〉[註8] 中就說：「許公的政
治態度很明確。在台灣比較開明的刊物《台灣文化》上，經常發表宣
傳『五四』歷史和論述魯迅的文章，並支持台北文化界進步團體『台
灣文化協會』，組織了台灣文化講座，約請台大進步教授講演關於自
『五四』以來中國文學從各個方面的發展和進步，他自己也講了魯迅
先生後半生在上海的十年。但這只是一種學術性的講座，並非政治團
體。在他講到魯迅在一九三〇年浙江省黨部，誣指魯迅參加『自由大
同盟』，並呈請南京予以通緝時，他不提名的點了Ｃ・Ｃ派的浙江頭
目葉朔中，這就刺痛了陳立夫和陳果夫，他們指使在台灣的文化武化
特務對許圍攻了。但是他們對許壽裳既無『地』可圍，也無『物』能
攻，就採取謾罵、誣蔑、造謠中傷等卑劣勾當，以至於最後只能陰謀
陷害了。」

於是在一九四八年二月十八日晚上，許壽裳遇害了。二月二十日的《公論報》這麼報導著：「臺灣大學文學院中國文學系主任許壽裳氏，十八日夜，在和平東路青田街六號住宅，於睡眠中被人用柴刀殺害。右臉耳朵下的頸項上一傷，約被砍三刀，長八寸，裂開約一寸，右鬢部兩傷較輕，死在床上。滿床鮮血。警務處的法醫，替他縫密了傷處，在洗得乾淨的傷裏，顯見得刀痕的深度，已見了骨。兇手行兇後，棄兇器在房子裏，把房子裡書信文件，翻得零亂不堪，又把皮箱一隻西裝三套，和幾條領帶走。最先發覺許氏被殺的兩個下女，她們住在許氏住的房子的背後另外的一間廚房的臥室。原來許氏住的房子，是臺灣大學的日式宿舍，四面圍牆，裏面共有兩座的房間，許氏自住一間大的，對面的一間，給他的幼女許世瑋住。本來許氏的房子和下女的舍室，可以自由進出，在一星期前，房子裏曾有一部腳踏車被偷，所以晚上，許氏便把房間下了鎖。下女每天早上，必要叫門，被害的早晨六點鐘，下女敲門不開，敲了很久，跑去告訴許小姐，才發現客廳門虛掩，許氏被殺並在圍牆上撿到被帶走的皮箱的名卡皮條，知道了兇手是爬牆進出，和用鎖匙開了客廳門走進的，許小姐就去告訴她的同學陳耀強，報告和平東路派出所，轉告四分局，當局得訊後，警察局長李德洋、警務處長王民寧、憲兵隊張慕陶，和法院少宗南，都在上午九時起，先後到場臨檢，游市長，省警備部鈕副司令，教育廳長許恪士，閩臺監察使楊亮功，陸軍副總司令湯恩伯，師範學院院長李季谷，臺大陸志鴻校長，臺大附屬醫院院長陳禮節，本報李社長，和許先生的生前好友門生等都前往弔唁。這個消息傳出後。臺大許先生的學生，及敬仰許先生的師範學院的同學們都哭起

來了。前往弔唁絡繹不絕。據許家的兩個下女説：她們一個叫王月嬌十八歲，一個叫王美昭十七歲，都是淡水人，在許家做下女，已有半年。她們説：「行兇的柴刀是兇手帶來的，因為我們燒飯用木炭，家裡沒有柴刀，劈柴都是用菜刀劈的。悲痛欲絕的許小姐説：『我父親的生活，很有規律，平常除到學校外，很少出門，在家裡研究文學的書，晚上最遲九點鐘睡覺，早上五點就起來，被害的夜裏，並沒有聽見什麼聲音。」許氏的家屬，在臺灣的，除許世瑋小姐外，還有長子許世瑛，在師範學院做副教授，另住師範學校的宿舍。許氏被殺的原因究竟是被人謀害，還是被竊盜所殺。已由各有關司法的機關，嚴密偵查中。聽説已經捕了幾個嫌疑犯。」

對於許壽裳的死，張啟宗説：「我曾在一九八五年與沈醉同在『全國政協』文史委政治組時，求教於他，特別提出了這個問題。沈醉對我説：此案曾有所聞，據説是蔣經國指使魏道明、彭孟緝等人搞的。高萬俥係受人利用，而行凶時則非有兩三個人不可。顯然這是先用蒙汗藥麻醉悶倒，然後再用刀的。屍體手足鬆弛且面容無異常，這説明在毫無抵抗的情況下受害的。然而，當特務為滅口而再殺人時，高萬俥即成為『替罪羊』了。」註9

而當許壽裳慘死的消息傳到上海許廣平的耳裡，她「一時想起那精神百倍在講台上的先生；一時又想起作客他鄉，旅居廣州時一同在白雲樓生活的情景；再就是我們寓居在上海，先生時相過從的樣子；和重慶復員到上海見到的憔悴頹顏，白髮脱齒的老師。老了，我們尊敬的先生。但是還要奔走謀生，多麼可憐啊！這一幕一幕交織著『在鮮血中向右側臥……的一個血淋淋的畫面裡。這一夜，我不能合眼，

廣州白雲樓，魯迅、許廣平、許壽裳同住的地方。（左起：魯迅研究學者鄭心伶、導演雷驤、筆者在白雲樓舊址）

整夜在昏沉沉的半明白半迷糊的意識中度過。」於是許廣平在發表於同年三月的《人世間》雜誌第二卷第四期的〈我所敬的許壽裳先生〉中寫道：「許先生不但當我是他的學生，更兼待我像他的子侄。魯迅先生逝世之後，十年間人世滄桑，家庭瑣屑，始終給我安慰、鼓勵、排難、解紛；知我，教我，諒我，助我的，只有他一位長者。對這樣的一位慈祥長者的逝世，我不能描寫出我的哀傷之情。只是無從送喪，不能憑弔，欲哭無淚，欲寫無盡，欲問無聲，欲窮究竟而無所置答，先生之死，在我視之，如喪考妣，就夠悲慟無窮的了。而不逞之徒，竟把這忠厚慈愛為懷的好心人，也不惜親手輕易毀去，莫非在這醜事多端的世界上，還嫌不夠豐饒，硬添一件上去嗎？也許這卻不是說得明白的時候了。」

學者黃英哲等認為「在日本統治下的台灣，原只限少數知識分子的魯迅讀者，就這樣逐漸擴散至各階層。魯迅之被接納，許壽裳著實扮演了重要的角

色。另一方面，許壽裳想把被國民黨敵視的魯迅之戰鬥精神，在台灣發揚光大，本身就是一種伴隨著危險的工作，而他得以在戰後初期的台灣，如此帶動了魯迅思想的傳播，台灣省行政長官公署長官陳儀的庇護，不容忽視。」註10

但後來陳儀因「二·二八」事件，於一九四七年五月去職回大陸。同年五月十五日，魏道明抵台接任台灣省主席。次日，在省政府會議中，就決定廢止台灣省編譯館。五月十七日許壽裳在日記寫著：「新生報及省政府公報，載編譯館經昨日第一次政務會議，議決撤銷，事前毫無聞知，可怪。在我個人從此得卸仔肩，是可感謝的，在全館是一個文化事業機關，驟然撤廢，於台灣文化不能不說是損失。」當然這裁撤的舉動，有著背後的政治意涵，也因此在此之後，原本極力宣揚魯迅的思想、精神的許壽裳，只寫了兩篇有關魯迅的文章。而諸如李何林及許壽裳的女兒許世瑋，都將許壽裳的死，指向國民黨的政治暗殺後，不久，這些曾在許壽裳身邊一起工作的朋友，都相繼返回大陸，最後僅留下曾與魯迅有深交的臺靜農先生一人。但早年受過「白色恐怖」，入獄多次的臺靜農，此時為明哲保身，終其一生避談魯迅，埋首學究生涯。再過不久，魯迅等作品，更成為禁書，當然再也沒見到曾經宣揚魯迅，而為知己者死，如許壽裳的人了。

漫漫長夜，我們憑誰再叩曉鐘呢？斯人已去，為之長嘆！！

註1：許壽裳〈弔魯迅墓〉最初發表於一九三七年四月十六日《新苗》第十六冊，署名上遂。

註2：見《許壽裳紀念集》，浙江人民出版社，一九九二年。

註3：許壽裳《魯迅的思想與生活》，台灣文化協進會，一九四七年。

註4：《許壽裳日記》北岡正子、秦賢次、黃英哲編，東京大學東洋文化研究所附屬東洋學文獻，一九九四年。

註5、6：張夢陽《中國魯迅學通史》，廣東教育出版社，二〇〇一年。

註7、10：黃英哲〈關「許壽裳日記」的解讀〉，魯迅研究月刊，一九九四年七月號。

註8、9：張啟宗〈許壽裳先生在台被害五十年記〉，魯迅研究月刊，一九九八年一月號。

第九章

平生風義兼師友

——臺靜農與魯迅

臺靜農與魯迅的關係非比尋常，然而由於政治的因素，直到晚近才為人們所關注。一九四六年十月，臺靜農渡海來台，任台灣大學中文系教授，一九四九年大陸政權輪替，海峽兩岸在政治上勢不兩立，臺靜農的名字也從此不再為大陸報刊雜誌所談論。而台灣方面由於早期的白色恐怖，魯迅及其他左翼作家的作品遭到封殺，加上臺靜農又歇筆不再為文，只從事於教學和研究工作，因此除了極少數從大陸來台的文人學者外，幾乎沒有人知道臺靜農曾是一位新文學的作家，至於他被台灣文學界發現，那已是七〇年代後期了。

臺靜農，一九〇二年十一月二十三日生於安徽省霍丘縣葉家集鎮，他與韋素園、韋叢蕪、李霽野、張目寒以及臺一谷等人畢業於鎮上的明強小學，隨即就讀於湖北漢口中學，當時他下定了「立定腳跟撑世界，放開斗膽吸文明」的決心，並創作了第一篇新詩

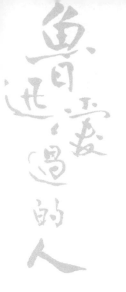

1936年臺靜農攝於山東

〈寶刀〉，於一九二二年一月二十三日發表在上海《民國日報》副刊〈覺悟〉上。他詛咒軍閥混戰，並同情慘遭蹂躪的勞動者。而在此時學校因學生為了反傳統的緣故，正在鬧學潮，臺靜農也因而離校，經南京、上海到了北京。出於對文學的愛好，他參加了「明天社」。據史料家秦賢次説：「來到北京後不久，由黨家斌（北大學生）及林如稷（上海中法通惠工商學生）在一九二二年六月初，發起成立新文學以來第三個全國性的文學社團『明天社』，成員共十八人，以出身北京高師附中、杭州第一師範及北京大學者居多，其中有臺靜農、王魯彥、章鐵民、章衣萍、胡思永、程仰之、郭後覺，以及湖畔詩人汪靜之、潘漠華、馮雪峰、應修人等。『明天社』存在時間不到三年，僅出過叢書一種，在文壇上也未有什麼活動，因此很快就被人淡忘了。」同年九月，臺靜農到北京大學國文系旁聽；一九二三年五月，轉入北大研究所國學門為研究生，同時擔任「風俗調查會」事

務員。這期間他發表了一首新詩〈寄墓中的思永〉（一九二四年四月一日《北京晨報‧文學旬刊》），兩篇短篇小說「負傷的鳥」（一九二四年七月二十五日上海《東方雜誌》半月刊二十一卷十四期）、「途中」（一九二四年八月十日上《小說月報》十五卷八期）。

臺靜農早在北大旁聽時，就聆聽過魯迅講授的「中國小說史略」和「苦悶的象徵」，魯迅生動的語言、自如的發揮，已給臺靜農留下極深刻的印象。但兩人的真正交往，卻要到一九二五年的四月二十七日。《魯迅日記》當天的記載是：「晚，欽文來，並贈小說集十本。夜目寒、靜農來，即以欽文小說各一本贈之。」經由小學同學並曾在北京世界語學校當過魯迅學生的張目寒之介紹，臺靜農初識魯迅。此後兩人關係密切，友誼深厚，從一九二五年到一九三六年魯迅逝世為止，由《魯迅日記》中，查得兩人的交往高達一百零九次之多；而在這期間臺靜農給魯迅的信件有七十四封，魯迅給臺靜農的信件有六十九封，目前經保存收錄於《魯迅書信集》中的還有四十三封。遺憾的是臺靜農給魯迅的信，因當時的白色恐怖，魯迅為避免朋友遭到株連，不得不忍痛「將朋友給我的信都毀掉」了。而從目前遺留下來的魯迅致臺靜農信函中，我們可看到他們互通音問、互投文稿、互贈書物、互託辦事等等，直到魯迅臨終前三天，他還給臺靜農寫信，並把他編好、且剛出版的瞿秋白譯文集——《海上述林》送給臺靜農，兩人關係之密切，可見一般。

一九二五年八月三十日《魯迅日記》云：「夜李霽野、韋素園、叢蕪、靜農、趙赤坪來。」在場之一的李霽野在〈憶素園〉文中說：

一九二五年夏季的一天晚上，素園、靜農和我在魯迅先生那裡

「未名社」主將：臺靜農（右）、韋素園
（中）、李霽野（左二）

「未名叢刊」出版的部分書影

談天，他說起日本丸善書站，起始規模很小，全是幾個大學生慢慢經營起來的。以後又談起我們譯稿的出版困難。慢慢我們覺得自己來嘗試著出版一點期刊和書籍，也不是十分困難的事情，於是就開始計劃起來了。我們當晚也就決定了先籌起能出四次半月刊和一本書籍的資本，估計約需六百元。我們三人和叢蕪、靖華，決定各籌五十，其餘的由他負責任。我們只說定了賣前書，印後稿，這樣繼續下去，既沒有什麼章程，也沒立什麼名目，只在以後對外得有名，這才以已出的叢書來名了社。

於是，中國文壇一個「實地勞作，不尚叫囂」（魯迅語），以出版外國進步文學譯著為主的「未名社」，便應運而生了。魯迅在〈憶韋素園君〉一文中說：「因這叢書的名目，連社名也就叫了『未名』——但並非『沒有名目』的意思，是『還沒有名目』的意思，恰如孩子的『還未成丁』似的。」魯迅對「未名社」如對自己的孩子一般，真

可說是竭盡心力了，他認為他所以這樣做是「但願有英俊出於中國之心」的緣故，他對「未名社」的熱情扶持，成就了一批文學青年的翻譯事業。魯迅說：「有些翻譯竟勝於有些創作」，因此「未名社」翻譯介紹了大量國外新思潮、世界經典名著和革命文藝作品，諸如「未名叢刊」的《苦悶的象徵》（魯迅譯）、《蘇俄文藝論戰》（任國楨譯）、《出了象牙之塔》（魯迅譯）、《往星中》（李霽野譯）、《窮人》（韋叢蕪譯）、《外套》（韋素園譯）、《白茶》（曹靖華譯）、《爭自由的波浪》（董秋芳譯）等二十四部作品。除翻譯外，在文學的創作上，他們出版「未名新集」，包括：魯迅的《朝花夕拾》，韋叢蕪的《君山》、《冰塊》，李霽野的《影》及臺靜農的《地之子》和《建塔者》共六部作品；其他還出版魯迅的《墳》、臺靜農編的《關於魯迅及其著作》、李霽野輯譯的《近代文藝批評斷片》等三部作品，總其出版發行的書籍有三十三部之多，而在創立到解散前後的六、七年間，他們還先後出版發行了《莽原》半月刊兩卷四十八期及《未名》半月刊兩卷二十四期。其成績不能不令人刮目相看。

　　在臺、魯兩人剛交往中，魯迅就發現了臺靜農的小說創作才能，除了對他取材於民間，給予充分肯定外，還以自己的創作體驗，指導臺靜農從自己熟悉的生活中開掘，還要多讀外國短篇小說，以開闊視野。於是臺靜農便埋首苦讀當時他能找到的外國小說集，而使他留下特別深刻印象的，還是由魯迅翻譯、有島武郎寫的《與幼小者》的小說。臺靜農起初的創作，有些稚嫩，但魯迅一向認為「幼稚是會生長、會成熟的，只不要衰老、腐敗就好」。也因此魯迅不僅為臺靜農推薦文稿，將他的小說〈懊悔〉介紹給《語絲》周刊（刊登於一九二

五年八月二十四日的四十一期）外，還不厭其煩地為他修改文稿。一九二八年二月二十四日，遠在上海的魯迅，給臺靜農的信中說：「你的小說，已看過，於昨日寄出了。都可以用的。但『蟪蛄』之名，我以為不好。我也想不出好名字，你和霽野再想想罷。」這篇原來題名為〈蟪蛄〉的，就是後來改名為〈蚯蚓們〉的短篇小說。

在魯迅的薰陶之下，臺靜農文思潮湧，連續創作發表了十餘篇小說，其中大部分是以自己「耳邊所聽到的，目中所看見的」，故鄉的「人間辛酸和淒楚」的故事為題材，這也使得臺靜農成為二〇年代中期勃興的「鄉土文學」重要作家之一。香港評論家劉以鬯也說：「二十年代，中國小說家能夠將舊社會的病態這樣深刻地描繪出來，魯迅之外，臺靜農是最成功的一位。」臺靜農的小說創作無論是題材的選擇、主題的開掘，還有人物形象的塑造及藝術手法的使用，都與魯迅的作品分不開。我們從臺靜農的〈天二哥〉可看到魯迅塑造的阿Q形象；而臺靜農〈新墳〉中那位反覆囉嗦著瘋話的四太太，又宛如魯迅〈祝福〉中的祥林嫂；而臺靜農〈紅燈〉中得銀媽的愚昧落後和迷信思想，不禁令我們想起魯迅〈藥〉中的華老栓買革命者的血饅頭為兒子醫病的愚昧。除此之外，臺靜農的小說還直接取材於民俗事象（即創造於民間、流傳於民間，具有世代相襲的傳承性事象），例如〈蚯蚓們〉的典妻，〈燭焰〉的沖喜，〈紅燈〉的放水燈，〈拜堂〉的轉房（指兄亡嫂嫁其弟，或姐亡妹續嫁其姐夫，或弟亡弟媳轉嫁其兄之類）等。但正如學者朱麗婷所指出的，臺靜農沒有停在客觀記錄事象形態上，而是將深廣的現實社會內容與風俗民情描寫相融合；既客觀如實地展現了民族的傳統文化心理素質，又主觀坦誠地貫以批判意識。

魯迅盛讚臺靜農以農民為對象，並與之同歌哭、共命運的創作，是「貢獻了文藝」。他認為在作家們紛紛「爭寫著戀愛的悲歌，都會的陰暗」之際，沒有人比臺靜農「更多、更勤」地「將鄉間的死生，泥土的氣息，移在紙上的了。」也因此在魯迅知道臺靜農的小說集《地之子》即將出版的消息時（按：實際出版為一九二八年十一月），立即高興地在一九二七年九月二十二日寫信給臺靜農道：「小說要出，很好，可寄上海北新李小峰收轉。」他還向廣大讀者推薦說：「這兩年中雖然沒有極出色的創作，然而據我所見印成本子的如李守章的《跋涉的人們》，臺靜農的《地之子》……總還是優秀之作。」甚至當美國進步作家和記者——埃德加·斯諾（Edgar Snow），要求作家孫席珍推薦進步作品以便介紹給歐美讀者時，孫席珍便依魯迅的評價，將《地之子》等優秀作品提供給斯諾。而一九三五年在魯迅為良友圖書公司編選《中國新文學大系》的「小說二集」中，共收錄了三十三位作家的五十九篇作品，其中臺靜農的〈天二哥〉、〈紅燈〉、〈新墳〉、〈蚯蚓們〉四篇入選，他和魯迅一樣成為入選作品最多的兩位作家。「小說二集」歷經艱辛終得出版，魯迅僅獲樣書十冊，他不僅分寄給臺靜農，還專為臺靜農和日本友人增田涉各預定了一部集合新文學運動第一個十年的理論和創作作品的《中國新文學大系》。

魯迅曾致力於古碑刻及漢、唐石刻造像的搜求和研究，因為他認識到畫像本身不僅具有較高的藝術價值，而且對中國美術史、文化史、古代史的研究亦提供了實物例證。我們從《魯迅日記》中得知，在一九一五年後魯迅就開始搜集漢畫像，至一九三六年八月，收集的重點主要是河南南陽漢畫像。為此他曾轉託友人多方搜求，其間出力

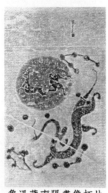

魯迅藏山東拓片

魯迅藏南陽畫像拓片

最大的除王冶秋外，當首推當時在北平大學女子文理學院任教的臺靜農。

一九三四年六月九日，在上海的魯迅寫信給臺靜農，表示要「即印漢至唐畫像，但唯取其可見當時風俗者，如遊戲、鹵簿、宴飲之類」，但「著手則大不易」，「且上海又是商場」，更「不可得」。因此他籲請臺靜農代其一面收新拓，一面覓舊拓，並指名要其對濟南圖書館新入藏的畫像石「代為發函購置」。臺靜農處事一向嚴謹，故對魯迅所託自然竭盡心力，於是稍後魯迅便經常收到臺靜農寄來的畫像磚拓片，他認真選取後，馬上將落選的掛號寄還，從一九三五年五月十四日魯迅致臺靜農的信中說，他留下的有「騎馬人畫像（有樹木）一張、大定四年造像一份二張、漢殘畫像一份兩張、宣州畫像一份三張共六種。」

對臺靜農的苦心搜求，魯迅感謝之餘，告以「年來精神體力，大不如前」，雖「老境催人」而仍「終日勞勞」。魯迅的執著對臺靜農無疑是一

記鞭策，他加快速度四下尋覓。當魯
迅告訴他極望得到全份的南陽畫像拓
本時，他不敢稍怠，立即約同鄉王冶秋
專託曾在北平美術專科學校學習，而正
好在南陽的王正朔、王正今兄弟及楊廷
賓諸人，代為搜集並雇工拓印。同年十
一月，他先給魯迅寄去《南陽漢畫像訪
拓記》一本，王冶秋也很快寄了拓片十
張。在臺靜農的催辦下，魯迅很快收到
楊廷賓所寄來的六十五幅「紙墨俱佳」
的拓片。魯迅認為「這些也還是古之闊
人的冢墓中物，有神話，有變戲法的，
有音樂隊，也有車馬行列」，他大喜
過望，同年十二月二十一日寫信給臺靜
農，表示「將來如有暇豫，當並舊藏選
印」。而在一個月之前（即十一月十五
日）魯迅給臺靜農的信中說：「我陸續
曾收得漢石畫像一篋，初擬全印，不問
完或殘，使其如圖目，分類為：一、摩
崖；二、闕、門；三、石室、堂；四、
殘雜（此類最多）。材料不完，印工亦
浩大，遂止；後又欲選其有關於神話及
當時生活狀態，而刻劃又較明晰者，為

魯迅藏南陽畫像
〈伏羲、女媧〉拓片

選集，但亦未實行。」由此可見魯迅曾一心一意要編印《漢唐石刻畫像集》。然而限於資力，終未能在他生前整理付印。就連在「孤島」時期，許廣平委託臺靜農撰寫介紹魯迅搜集研究石刻畫像經過和成就的文章，亦因臺靜農扶老攜幼流亡於四川、身心交瘁而無力寫作。

臺靜農雖未能完成許廣平的請託，但他在一九五〇年六月發表在台灣大學《文史哲學報》第一期的〈兩漢樂舞考〉，仍可以看到魯迅漢唐石刻畫像研究對他的深刻影響。並且據臺靜農的友人舒蕪所記，六年前他就在臺靜農的案頭看過清稿，因此推算該文當寫於他任教於四川白沙女子師範學院時。而令人欣慰的是，魯迅所藏漢畫像拓本，其中南陽部分已於一九八六年以《魯迅藏漢畫像（一）》專書出版了，山東、四川部分也於次年收錄在《魯迅藏漢畫像（二）》出版（均由上海人民美術出版社出版），至此可說是了卻魯迅的一椿遺願。

至於魯迅在一九二七年拒絕諾貝爾文學獎的提名，多年來未得其詳。一九八九年北京魯迅博物館副館長兼魯迅研究室主任陳漱渝在台北寓所的訪問中，臺靜農終於道出事情的原委：

那年九月中旬，魏建功先生在北京中山公園舉行訂婚宴，北大同人劉半農、錢玄同等都前往祝賀。席間半農把我叫出去，說北大任教的瑞典人斯文赫定是諾貝爾獎金的評委之一，他想為中國作家爭取一個名額。當時有人積極為梁啟超活動，半農以為不妥，他覺得魯迅才是理想的候選人。但是，半農先生快人快馬，口無遮擋，他怕碰魯迅的釘子，便囑我出面函商，如果魯迅同意，則立即著手進行參加評選的準備──如將參評的作品翻譯成英文，準備推薦材料之類，結果魯迅回信謝絕，下一步的工作便沒有進行。

　　魯迅在九月二十五日接到臺靜農寫於九月十七日的信，當天就立即寫信給臺靜農做了回覆。在信中，魯迅首先對劉半農「為我、為中國」的好意，表示深深的感謝，接著他以「梁啟超自然不配，我也不配」，故「不願如此」的明確態度，斷然拒絕了劉半農的提議。他還以他曾翻譯過《小約翰》的作者望‧藹覃（F. W. Van Eeden）未能獲獎為例，說明「世界上比我好的作家」還很多，「要拿這錢，還欠努力」，表現出大家風範和謙虛。

　　魯迅去世後，臺靜農將其所保存的魯迅信件和文稿，幾乎全部交給夫人許廣平，相繼編入《集外集》和《魯迅書信集》，這才使得魯迅與臺靜農交往的遺墨留傳至今。而唯一留作紀念的魯迅手跡，為一九二三年十二月二十六日魯迅在北京女高師的演講稿──〈娜拉走後怎樣〉。臺靜農將其裝裱成一幀精美的長卷，並請常惠（常維鈞）、魏建功、馬裕藻（馬幼漁）、方管（舒蕪）、許壽裳和李霽野六人題跋。幾十年來臺靜農顛沛流離，輾轉遷徙，許多書籍文稿均已散失，唯獨此件裝裱的文稿是完好珍藏著（現存於美國臺靜農兒子臺益堅處），足見臺靜農與魯迅師生情誼之深。

　　臺靜農一生曾三度罹獲牢獄之災，在《建塔者》一書後記中他寫道：「本書寫於一九二八年……旋以事被逮幽禁。」這一次的起因是在當年三月下旬，「未名社」將印出未久，由李霽野所譯的托洛茨基之《文學與革命》，寄往省立山東一師中由李廣田、鄧廣銘等創辦的「書報介紹所」託售時，被山東督辦張宗昌的特務查獲。張宗昌致電北京的張作霖要求查辦「未名社」，並嚴辦其成員。因此四月七日，「未名社」被查封，臺靜農、李霽野、韋叢蕪三人被捕，韋叢蕪因肺

病關係一週後獲釋；臺靜農與李霽野則被關押了五十天，後經友人常維鈞奔走營救而獲釋。

而第二次牢獄之災，發生在一九三二年十二月十二日。當天，臺靜農與李霽野將因共黨嫌疑，已繫獄百日的孔另境（茅盾的妻舅）保釋出來，是晚臺靜農在北平的寓所即遭憲警搜查，並以查獲「新式炸彈」（其實是王冶秋夫人高覆芳寄存在臺宅的銅質化學試驗儀器）和大量「共產黨宣傳品」（其實是蘇聯短篇小說《煙袋》三百三十四本，雜種書籍八十四本，來往信件一小捆）為由，將臺靜農逮捕入獄十多天。很顯然此次北平憲警的逮捕，除了不滿其保釋孔另境出獄外，還因臺靜農暗中加入「北方左聯」的關係。據當時擔任「北方左聯」秘書長李守章晚年的回憶說：

我去北平，潘訓已先我到達，並已與臺靜農接頭，準備在北平發起並籌組「中國左翼作家聯盟北方分盟」，稱「北方左聯」。第一次籌備工作會議是在臺靜農家中召開的，由臺靜農主持會議。會上決定，當時在北平高教界的革命教授如吳承仕、范文瀾、魏建功等人，包括臺靜農本人，不公開出面。籌備工作以潘訓為首，以及劉尊棋（曾當過蘇聯「塔斯社」的通訊員）、孫席珍、謝冰瑩（黃埔女兵，《從軍日記》的作者）和我從事具體的籌備事項。

其實「未名社」社員，除已在上海的魯迅外，都是「北方左聯」積極的支持者。魯迅對臺靜農的被捕極為關心，他在一九三二年十二月二十一日致王志之信中說：「靜農事殊出意外，不知何故？其婦孺今在何處？倘有所知，希示知。此間報載有教授及學生多人被捕，但無姓名。」又在一九三三年二月九日致曹靖華信中說：「靜兄因誤解

魯迅1932年在北師大演講

被捕,歷時多天始保出,書籍衣服,恐頗有損失。近聞他的長子病死了,未知是否因封門,無居處,受冷成病之故,真是晦氣。」

　　臺靜農的第三次被捕,是在一九三四年七月二十六日,與他同案的是范文瀾先生。北平憲兵隊以「共黨嫌疑」將他解送至南京警備司令部囚禁,一關就是半年。後經蔡元培、許壽裳、馬裕藻、沈兼士、鄭奠等知名人士竭力營救,始於一九三五年初獲釋。魯迅研究者陳漱渝指出,臺靜農的三次遭難,其

1963年臺靜農(右一)與友人攝於霧峰

實都跟他的進步文化活動有關，尤其後來臺靜農更與左翼團體保持了
廣泛的聯繫。他曾參加一九三二年十一月間魯迅在北平的五次講演和
兩次座談。這些活動都是根據中共河北省委、北平市委的指示，由北
方文化總同盟出面安排的，臺靜農就是具體組織者之一。他親自陪同
魯迅到北京大學第二院和輔仁大學講演。第二次秘密座談會就是在地
安門西皇城根七十九號臺靜農的寓所召開的。魯迅離京時，也是臺靜
農用化名購買火車票，直到送魯迅上車離開北平。後一度誤傳火車越
山東境時魯迅被捕，他們還成立一個營救魯迅先生委員會，直到確知
傳聞失誤才取消。

　　大陸解放後，臺灣局勢日益緊張，政治上長期瀰漫著一股凜厲
之風，此時雖已渡海來台的臺靜農，因自知他與魯迅及左翼文壇的親
密關係，以他有過三次鋃鐺入獄的記錄，稍一不慎，隨時都有重入囹
圄的可能；再加上他的好友及同事許壽裳被政治謀害，以及隨著戒嚴
令的頒布所接踵而至的跟蹤、監視和迫害，都迫使臺靜農變得格外謹
慎，同時也噤若寒蟬。在他晚年的〈記波外翁〉一文中，談到當年
他陪喬大壯到許壽裳的遺體前致弔時，喬大壯「一時流淚不止。再陪
他回到宿舍，直到夜半才讓我們辭去，他站在大門前，用手電燈照著
院中大石頭說：『這後面也許就有人埋伏著』，說這話時，他的神情
異樣，我們都不禁為之悚然。尤其是我回家的路，必須經過一條僅能
容身的巷子，巷中有一座小廟，靜夜裏走過，也有些異樣的感覺。」
從這段追憶中，實能感受到當時的他，被那種莫名的恐怖所籠罩的心
情。

　　處身在此種情境之下的他，只有埋首於教學工作，不僅絕無小説

128

之創作，就連抒發性靈的隨筆，都無法為之了。因此人們只知道「學者」身分的臺靜農，而不知道曾是「新文學作家」的臺靜農。就連曾是臺靜農的學生、當時在系裡任教的柯慶明，都不知道臺老師曾從事新文學創作，他在〈那古典的輝光──思念臺靜農老師〉一文中說：「有一天一位日本來的李姓華僑到辦公室來，希望能一仰臺老師的風儀，他雖沒有見著臺老師，卻猛對我說：『臺靜農先生了不起，五四時代的大作家，小說很精彩。』於是輾轉借到了當時仍是禁書的《中國新文學大系》，讀到了魯迅先生所選入的四篇，才發現了我尚未知曉的臺老師的另一面。」是的，也由於政治的因素，使得臺、魯原本是風義師友的交往，要被避談，要被蒙上政治陰影，要到數十年後，才又被重新關注。

第十章

堪稱知己的史家之筆
——曹聚仁寫魯迅

一九三三年的冬天，魯迅在曹聚仁家中作客敘談時，他發現曹聚仁有為他作傳的準備，他問：「曹先生，你準備替我寫傳記嗎？」，「我是不夠格的，因為我不姓許」，曹聚仁笑著回答。這裡講的「姓許」，是指魯迅的五位姓許的知己朋友，即許壽裳、許欽文、許季上（許丹）等三位男性和許廣平、許羨蘇等兩位女性。後者為許欽文的妹妹，人們曾以為她是魯迅的未來夫人。魯迅聽後便笑著和曹聚仁說：「就憑這句話，你是懂得我的了。」兩年多後，魯迅去世了。曹聚仁為了不辜負魯迅的期望，他和夫人鄧珂雲就把收集到的有關魯迅的史料，加以整理，準備動手寫魯迅傳記。那知次年就發生「八·一三」淞滬戰爭，曹聚仁投入抗戰行列，自然無暇顧及魯迅傳記的寫作，只好在一九四六年由上海群眾雜誌公司出版，由鄧珂雲輯、曹聚仁校的《魯迅手冊》。這本「手冊」，目前看來編得蕪雜，缺乏嚴謹的科學體系。

而在此後的數十年中，魯迅傳已被別人捷足先登了。先是有鄭學稼於一九四二年七月由江西勝利出版社初版、一九七八年在台北增定再版的《魯迅正傳》。後又有王士菁寫於四十年代末的《魯迅傳》（一九四八年一月上海新知書店出版）。前者大約是鄭學稼在一九三九年在重慶北碚附近寫的，當年他年僅三十二歲。他以當時「單獨地一貫地反對布爾什維克主義」而感到自豪，足見該書是以反共為主旨，並非嚴肅的學術著作。名為「正傳」，其實資料極為粗疏，尤其是附錄的〈兩個高爾基不愉快的會見〉，完全是作者人為安排或創造的，因此後來曹聚仁在《魯迅年譜》中「罵」該書是「胡說八道」，可說是一點也不為過。至於後者雖然許廣平在序中喜悅地說：「勝利之後，有機會看到這本真正由國人寫的《魯迅傳》。他把中國歷史發生的重要事件和魯迅生平經過，從頭正確地、客觀地尋找出它的所以然。惟其如此，才能瞭解魯迅行文、處世的真意。這正是我多年心裡所願意

曹聚仁與夫人鄧珂雲

曹聚仁有關魯迅的著作

看到的，而希望竟在眼前實現，這一歡
欣鼓舞，是不能言語形容的。」然而由
於時代環境的限制和作者的年輕、學力
的不足，該書也存在明顯的不足。因此
曹聚仁認為作者「無論史才、史識、史
筆，都是不夠格的，只寫了一部亂糟糟
的傳記。」

　　在曹聚仁認為，這些為魯迅作傳
的人，都沒見過魯迅，都是憑自己的猜
測在曲解魯迅，而和魯迅交往頗深，最
適合寫魯迅傳的人選，如許壽裳、孫
伏園、周作人，雖也寫了許多回憶的資
料，但卻只是傳記史料而非傳記本身。

王士菁著《魯迅傳》書影

許廣平對魯迅的生活了解最多，尤其
是最後的十年，但曹聚仁懷疑其作傳之
能力。曹聚仁和孫伏園一樣，後來都把
希望寄託在林辰身上，可是林辰卻只熱
心於魯迅的事跡考證，他寫了《魯迅事
蹟考》於一九四八年七月由上海開明書
店出版，仍不見魯迅傳的出版。魯迅傳
的難以問世，曹聚仁在《魯迅評傳》的
〈引言〉中說，一是魯迅的言行，「並
不符合士大夫的範疇的，所以畫他的都

許廣平與周海嬰，1939年9月25日。

不容易畫像他」。二是有人「要把他當作高爾基捧起來，因此，大家一動筆就阻礙很多，連許廣平也不敢講真話」。

　　曹聚仁在〈我與魯迅〉文中說：「我之於魯迅先生，並不想謬託知己，因為他畢竟比我大了二十歲。我雖不曾受他的教誨，不是他的學生，在上海那一段時期，往來得相當親密。」。在此「謬託知己」是曹聚仁的自謙之詞，其實以當時他和魯迅的交情，可說是「堪稱知己」。我們知道曹聚仁的初識魯迅是在一九二七年的十二月二十一日。當時魯迅被邀至暨南大學演講，曹聚仁為他作演講記錄，後來該記錄冠上魯迅自訂的標題：〈文藝與政治的歧途〉，刊於十二月廿六日上海《新聞報》的副刊〈學海〉上。（一九三四年十月，楊霽雲為魯迅編《集外集》時，魯迅將這篇演講稿略作了些修改，由曹聚仁介紹到群眾圖書公司去出版。）兩年後，他們在「內山書店」又有一次意外的相逢。而到了一九三一年八月，曹聚仁創辦了以烏鴉為標記的《濤聲》周刊，得到魯迅的支持。魯迅第一回用羅撫的筆名寫了〈三十六計走為上計——寄《濤聲》編輯的一封信〉，糾正周木齋指責北平大學生從故都逃難的謬誤，曹聚仁與《濤聲》的同仁看出是魯迅的筆調，編發此稿後，又請魯迅繼續給《濤聲》寫稿。魯迅回信說：「先前也曾以羅撫之名，寄過一封信。」一九三三年九月十一日《魯迅日記》載：「曹聚仁邀晚飯，往其寓，同席六人。」這是曹聚仁首次請魯迅的家宴。一年後的九月十三日，魯迅又在日記上寫著：「晚曹聚仁招飲於其寓，同席八人。」據曹聚仁回憶，這八人是曹禮吾、周木齋、黎烈文、徐懋庸、楊霽雲、陳子展、陳望道和李鱗（即曹聚仁四弟曹藝）。

　　除此而外，一九三三年曹聚仁曾為出版李大釗的《守常全集》而
請魯迅作序。魯迅欣然應命，寫了〈《守常全集》題記〉，還為使書
能順利出版，提供了寶貴的意見。可惜的是這部書稿在當時沒有能出
版，魯迅對此頗有微詞。但此事怪不得曹聚仁，因為書稿一直在周作
人手中，兩年後的一九三五年二月九日曹聚仁在給周作人的信中還在
催稿──「前奉大示，說是先生將把李集的稿子寄給我，我正在等候
著。」但這事終究是落空了，不知是否是曹聚仁無意捲入周氏兄弟的
矛盾漩渦之中？直到一九三九年《守常全集》才由蔡元培作序，並以
北新書局託名為社會科學研究社出版，那時魯迅已逝世三年了。一九
三四年夏天，曹聚仁與陳望道、夏丏尊、葉聖陶、徐懋庸、金仲華、
陳子展等七人，提倡大眾語，反對汪懋祖的復興文言，也反對林語堂
的語錄體，在《申報·自由談》和《社會日報》各報刊展開論戰。曹
聚仁向魯迅徵求意見，魯迅立即在一九三四年八月二日寫了〈答曹聚
仁先生信〉。接著又應曹聚仁的請求，寫了〈門外文談〉，發表於
同年八月二十四日至九月十日的《申報·自由談》。這是大眾語運動
中最有力的文字，對大眾語運動作了建設性的支持。而在曹聚仁和陳
望道所辦的《太白》半月刊及與徐懋庸合辦的《芒種》半月刊，都配
合魯迅與林語堂的論戰，魯迅也在這兩刊物上發表過文章，有時曹聚
仁的文章，魯迅覺得意猶未盡，還可深化，就續寫一篇。魯迅的〈徐
懋庸作《打雜集》序〉、〈從「別」字說開去〉等雜文，都是在《芒
種》上發表的。

　　另外我們翻查《魯迅日記》，發覺魯迅給曹聚仁的信共有四十三
封，但目前保存下來的只有二十五封半，其中寫於一九三三年九月七

魯迅1933年9月7日致曹聚仁信

日的信，是鄧珂雲根據家中的一塊鋅版手跡抄錄下來的。另外還有十幾封信，曹聚仁在抗戰爆發離開上海時，和其他一些信件，一起寄放在英商怡和洋行任打字員的岳父鄧志強的辦公室。不料，日軍一佔領上海租界，就派兵接管怡和洋行。當他們在樓下搜查時，在三樓辦公的鄧志強不得不將這批信件及時毀掉。

對於曹聚仁為魯迅作傳一事，學者古遠清就認為「曹聚仁不單純是作家，而且還是史學家，又做過近二十年的新聞記者。再加上他和魯迅交往甚密（僅魯迅給他的信件就多達四十四封），魯迅是和他同桌吃飯、一室閒談的文友，他本人又十分尊敬魯迅，他説過『假如時間稍微推前一點，我就在杭州趕得上做他的學生（他教的杭州兩級師範，便是我們一師的前身）』。所以由他來作傳，未必不是合適的人選。至少他不會去相信一些有趣的推想和神話般的玄談，更不會按誰的旨意去圖解。」

曹聚仁的《魯迅評傳》，一九五六

年由香港世界出版社印行。該書分廿九節，除「引言」外，依次為：紹興——魯迅的家鄉、他的童年、少年時代的文藝修養、在日本、辛亥革命前後、民初的潛修生涯、托尼學說、《新青年》時代、在北京、《阿Q正傳》、《北晨》副刊與《語絲》、南行——在廈門、廣州九月、上海十年間、晚年、《死》、印象記、性格、日常生活、社會觀、青年與青年問題、政治觀、「魯迅風」——他的創作藝術、文藝觀、人生觀、他的家族、他的師友、閒話。其中第一節至第十七節基本上按魯迅生平活動的階段為主線，展示傳主的心路歷程和創作業績。第十八節至廿九節，則從社會觀、政治觀、文藝觀、人生觀諸方面介紹傳主的思想、性格、社會關係乃至生活細節。由於曹聚仁有史學研究的功底，既能鑒別史料，又能組織史料，因此他是有條件可以寫出比較合理近情的魯迅傳記。不過曹聚仁也承認他無法成為一面鏡子，他並沒有十足把握反映出魯迅真實的形象來；他自以為很公正

魯迅在曹聚仁筆下是有血有肉的

的批判，也許表達的卻是他的偏見。在這一方面曹聚仁倒有自知之明的。

　　曹聚仁在書中開頭就回憶他與魯迅的對話，魯迅問：「曹先生，你是不是準備材料替我寫傳記？」曹聚仁答：「我知道我並不是一個適當的人，但是，我也有我的寫法。我想與其把你寫成一個『神』，不如寫成一個『人』的好。」接著，曹聚仁推崇盧德威克（Emil Ludwig）撰寫的耶穌傳記。在盧德威克筆下，耶穌是一個常人，但不失其偉大。曹聚仁表示要以這部傳記作為楷範，正視魯迅思想上的矛盾，而不是把這些矛盾掩蓋起來，或加以曲解。這也是曹聚仁在一九六七年出版的《魯迅年譜·編者小言》時，又一再強調的「把魯迅當作有血有肉的活人來描畫」。這與大陸諸多研究者，在長期流行的「左」的思潮下，總認為魯迅是完美高大的「民族英雄」、「聖人」，容不得對魯迅有局限、有失誤的議論和看法。無疑是更接近事實，而且是進步的。至於某些人的魯迅研究，完全是為政治服務、為階級鬥爭服務的產物，他們不敢如實地寫出如曹聚仁所說的「他那襲暗淡的長衫，十足的中國書生的外貌」。在曹聚仁筆下，魯迅是一個認真的人，一個有趣的人，一個廉介方正的人，一個值得尊敬的人。他最大的貢獻，在於解剖中國社會。他是一位冷靜暴露中國社會黑暗的思想家。他的風格，一方面可以說是純東方的，有著「紹興師爺」的冷雋精密；另一方面又可以說是純西方的，有著安特列夫、史威夫特（Jonathan Swift）的辛辣諷刺氣息，和尼采式的深邃。

　　由於曹聚仁的「史識」，書中時時閃現他獨特的見解。例如他

對魯迅與「論敵」的對罵，他是持諒解的態度，他認為這些性格弱點與魯迅幼年所處環境有關，「大約一受刺激，便心煩，事情過後，即平安些」，也不必苛求。對於魯迅與左聯的關係，曹聚仁不同意魯迅領導了「左聯」的說法，認為是魯迅以他的堅不可摧的精神力量、社會地位和鬥爭意志支撐了「左聯」，所以由此得出的結論是：「『左聯』依靠著魯迅，而不是魯迅領導『左聯』。」同時，他也不同意把魯迅在上海的十年，當作被圍攻的時期，他認為由於魯迅的聲名與地位以及中共組織的掩護，魯迅在上海十年是「有驚無險，太嚴重的迫害，並不曾有過」，「真正圍攻過魯迅的，倒是創造社的後起小伙子，《洪水》、『太陽社』那一群提倡革命文學的人。」另外由於曹聚仁本身是雜文隨筆大家，因此他對雜文這一新生文體的價值與意義，有獨到的體悟，他也特別看重魯迅後期的雜文。他認為魯迅的雜文「十分圓熟，晶瑩可愛」，「晚年所寫的雜文，量既很多，質也很好，也可說是他創作慾最旺盛的時期」，「就批評現實的匕首作用說，晚年的雜文自是強勁有力。但要理解他的思想體系，說得完整一些，還得看他的幾篇長的論文和講稿的。」他甚至肯定那些曾被人貶低的《偽自由書》和《准風月談》兩書的〈後記〉，他說道：我們現在看「那兩篇長長的〈後記〉，就可以了解他當時所處的環境，以及他那些雜感文所激起的反應（若不重看他的〈後記〉，幾乎記不起當年文壇一些重大的事故了）。」

晚近的魯迅研究者張夢陽在評曹著時，認為曹聚仁強調魯迅作品時，要「撇開票面（表面）來找尋他的本質」，是極有見地的。因為「不可以呆看」，正是理解魯迅及其作品的重要原則。另外由於曹

聚仁與魯迅有過極深的交往，加之曹聚仁的感悟能力，使得他對魯迅性格特徵及形成原因的把握，較其他傳記作者，更準確而具象。倒如他説：「時人都認為繼承章太炎的文統的是黃侃，其實黃氏古文，只是貌似，得其神理莫如魯迅。」又説：「孫伏園氏，説到魯迅思想，受托爾斯泰、尼采的影響，『這兩種學説，內容原有很大的不同，而魯迅卻同受他們的影響；這在現在看來，魯迅確不像一個哲學家那樣，也不像一個領導者那樣，為別人了解與服從起見，一定要將學説組成一個系統，有意的避免種種的矛盾，不使有一點罅隙；所以他只是一個作家、學者，乃至思想家或批評家。』所以，一定要把魯迅算得是什麼主義的信徒，好似他的主張，沒有一點不依循這一範疇，也是多餘的。馬克思學説之進入他的思想界，依然和托尼學説並存，他並不如一般思想家那麼入主出奴的。」「魯迅的思想、性格，正有著叔本華的影子」。曹聚仁認為魯迅愛好赫胥黎《天演論》、篤信尼采學説是相反而實相成以及叔本華、尼采的個人主義哲學和道家哲學相通、托爾斯泰的大愛主義實出於佛家思想等等論斷，都有著他的獨特之見。另外曹聚仁還以重筆評斷魯迅與「革命文學」之爭端，他説魯迅「在那革命狂潮中，他的話似乎平淡的很；到今天看來，他才是真正有遠見，看到了所謂激進份子的開倒車。」這是因為「他對於過去的幻滅，對於現實的悲觀，乃是從苦痛的經驗中得來，並非脱口而出，而對將來的『樂觀』，取保留的態度，正視現實，不做樂觀空洞的想法。人類，離開理想社會的出現，還遠得很；『失望』之為『虛妄』，與『希望』同；魯迅本來認為『希望』也是『虛妄』的。革命家過份樂觀，過分把天下事看得十分容易，每每操之過急，反而變成

『徒善不以為政』的。我覺得魯迅的反擊頗有力量，而且最踏實的。」論者認為八〇年代末期，魯迅研究領域出現了「反抗絕望」的命題，其實早在三十多年前，曹著中就已談到這點了。

當然，曹著也並非完美無缺。張夢陽就認為「其主要局限是作者的理論水平不夠高，看人看事又離得過近，不能從宏觀的歷史發展中審視魯迅的價值，因而有時在局部事實上可能是真切的，從歷史全景中看，就失之偏頗了。」。雖是如此，曹聚仁的魯迅研究，儘管有「謬託知己」的失誤或不盡如人意的地方，但他的研究仍有其存在的價值和意義。周作人就曾經三次向曹聚仁索要《評傳》一書，在他給曹聚仁的信中說：「魯迅評傳，現在重讀一遍，覺得很有興味，與一般的單調書不同，其中特見尤為不少，以談文藝觀及政治觀為尤佳，云其意見根本是『虛無主義』的，正是十分正確。因為尊著不當他是『神』看待，所以能夠如此。尊書引法郎士一節話，正是十分沈痛。常見藝術

1956年曹聚仁於上海魯迅公園

家所畫的許多像，皆只代表他多疑善怒一方面，沒有寫出他平時好的一面，良由作者皆未見過魯迅，全是暗中摸索，但亦由其本有戲劇性的一面，所見到的只是這一邊也。」在這一方面言之，曹聚仁無疑的有「史家之筆」了。

第十一章

文學血脈的薪火

——蕭紅與魯迅的父女情

學者錢理群說蕭紅是「命薄如紙,卻心高於天」[註1]。的確,打從她出娘胎,便被置於以父親為象徵的冰冷家庭和以祖父為象徵的溫暖世界的兩極中。這些在她的作品如〈家族之外的人〉、〈永恆的憧憬與追求〉、《呼蘭河傳》都有述及。後來在祖父的支持下,她終於衝破父親、繼母以及包辦未婚夫家庭的阻擋,離開偏遠的呼蘭縣,來到哈爾濱的第一女中讀書。從中學生活開始,她經歷了祖父去世、逼婚逃婚、受騙懷孕,直到陷於哈爾濱東興順旅館,面臨被賣入妓院的絕境。蕭紅經歷了心理上並未成熟為女人,但身心均已遭受屈辱的光景。一九三二年,二十一歲的蕭紅在絕境中遇到蕭軍,他們相愛並同居。(兩人的結合曾經為蕭紅帶來幸福,但這幸福後來卻褪了色,甚至最終轉化為苦痛,當然這是後話。)一九三四年五月,蕭紅在愛路跋涉中,和蕭軍千里迢迢地從哈爾濱搭乘「大連丸」郵船,流亡到關內,然後輾轉來到青

島。這一年的九月，蕭紅在青島寫完她的第一部中篇小説《生死場》。這期間，生活是艱苦的，舉目無親；而文海茫茫，到處都是險阻。蕭紅想起了她所崇仰的長者——魯迅，她懷著不安和希冀的心情給魯迅寫了一封信（當然，同時寫信的還有蕭軍），另外她又附上了剛剛抄就的《生死場》和當年在哈爾濱印的《跋涉》。不久，魯迅的覆信來了，他果然沒有拒絕這位陌生女孩的求援。這對於在人生旅途中，過早地受盡奚落的蕭紅而言，不啻是在大海沒頂前的援手。於是她用僅剩的一點錢，再次漂流來到上海。不同於她的漂流關內，這次她是滿懷希望的。

黃源（左）、蕭軍（中）、蕭紅（右）合影

那是「歷史性」的一刻——一九三四年十一月三十日下午兩點鐘。蕭紅按照魯迅信中指引的路線，準時來到了內山書店。她輕輕地推開了書店的門，內心激動得撲通撲通的跳著，雙眼緊緊地尋覓著，一位巨人般體魄，壯偉風采的長者，那是她從匕首投槍的文章中想像的身影。但她萬萬沒想到，眼前出現的

蕭軍的《八月的鄉村》及
蕭紅的《生死場》書影

是一位身材矮小、面目清癯的老人，他
樸素平凡得很，甚至有點不修邊幅。魯
迅一見他們來了，手裡拿起一頂舊氈
帽，腋下夾著一個紅花黑花格的布包，
先開了口：「我們走吧」，說完便帶頭
走出了內山書店。在街上，魯迅健步走
在前頭，最後走進附近一家咖啡店，他
領著蕭紅與蕭軍找到一個角落坐下來，
要了一壺紅茶。這小店座位不太多，
光線也不充足，簡直顯得有些冷清。魯
迅倒常到這裡來，然而並不是為了喝咖
啡，因為店主人可能是個猶太人，中國
話聽不太懂，而且只要客人一到，他就
打開唱機放起音樂來，這樣，談起話來
是很方便的。魯迅經常在這裡同左聯的
一些朋友商議事情。坐了不大一會兒，
許廣平領著海嬰也來了，她是為了照顧
魯迅的安全而來的，同時也是為了看看
蕭紅。（多年以後，許廣平在〈憶蕭紅〉
中寫道：「陰霾的天空吹送著冷寂的歌
調，在一個咖啡室裡，我們初次會著兩個
北方來的不甘做奴隸者。他們爽朗的話聲
把陰霾吹散了，生之執著，戰鬥、喜悅，

魯迅在大陸新村寓所，1935年。

時常寫在臉面和音響中，是那麼自然、隨便、毫不費力，像用手輕輕拉開窗簾，接受可愛的陽光進來。」）臨別時，許廣平握住蕭紅的手，依依不捨地說：「見一次真是不容易啊！下一次不知什麼時候再見了？」。在當時魯迅已被國民政府當局通緝四年了，他是冒著生命危險來和他們會面的，蕭紅以感激的眼神深情地望著。在漂流無依中她已看盡了世間冷酷的面孔，而眼前的老人帶給她的是多大的安慰與溫暖……她甚至還看到，在這陰冷的初冬天氣裡，老人卻只穿著一件單薄的舊棉袍，腳下穿著一雙舊的膠底帆布鞋，脖上連一條圍巾也沒有。當老人掏出早已準備好的二十塊錢（那是蕭紅來信所要借的），霎時蕭紅感覺眼眶有些潤濕。就在這一刻，中國現代文學史上的「父」與「女」兩代人會合了，他們之間整整相距了三十年，但確有著薪火相傳的文學血緣。

　　看著《生死場》，魯迅吃驚於蕭紅對生活的「細緻的觀察和越軌的筆致」，更吃驚於看上去還有點纖弱的蕭紅，卻能把「北方人民對於生活的堅強，對於死的掙扎」，描繪得「力透紙背」。於是魯迅拿著書稿，就「託人把這部稿子送到各方面去『兜售』，希望能找到一處可以公開出版的書店來接受出版它。」「文學社曾願意給她付印，稿子呈到中央宣傳部書報檢查委員會那裡去，擱了半年，結果是不許可。」在這半年的焦急等待中，魯迅總是耐心地安慰著蕭紅，最後還是魯迅從日常生活裡節省出錢來，以「奴隸社」的名義為蕭紅印行這本書。魯迅並親自為這本書寫了序言。一九三五年十二月，作為「奴隸叢書之三」的《生死場》，以實無其店的上海容光書店出版了。之後，它再版不下二十次，《生死場》奠定了蕭紅在中國現代文學史上

的地位，這其間有著魯迅的一份功勞。因此有人説，在那個陰雲遮天的苦難年代，沒有魯迅，也就沒有蕭紅。她可能默默無聞地寂寞下去，失望和頹唐甚至會毀掉她。

　　魯迅以沈重的筆觸「畫出沈默的國民的魂靈」，並要改造這民族靈魂。當他讀完《生死場》後，他預言這部小説將擾亂「奴隸的心」。魯迅的文學血脈似乎在這裡得以傳承。學者皇甫曉濤説蕭紅是繼魯迅後，第一個能夠如此鎮定地面對死亡的中國現代作家註2。她一再地寫死亡，寫輕易的、無價值的、麻木的死，和生者對於這死的麻木。在這裡，人民死於生產、死於毆鬥、死於「蚊蟲的繁忙」和傳染病；更多的卻是死於不該死去的人類對自身、對他人的冷漠、暴虐和毫無主張。在這裡「人死了聽不見哭聲，靜悄地抬著草捆或是棺材向著亂墳崗子走去，接接連連的，不斷……」。在蕭紅看來，這片關東大地，最可痛心、最驚心動魄的是它的「蒙昧」、「麻木」，那是生命價值的低廉、是生命的浪費。小説令人髮指地描繪道：「亂墳崗子，死屍狼藉在那裡。無人掩埋，野狗活躍在屍群裡。太陽血一般昏紅，從朝至暮蚊蟲混同著蒙霧充塞天空。高粱、玉米和一切菜被人丟棄在田圃，每個家庭是病的家庭，是將要絕滅的家庭。全村靜悄了。植物也沒有風搖動它們。一切沈浸在霧中。」這使我們不禁想起魯迅小説〈藥〉的最後出現的死寂的墳場，而蕭紅則更進一步逼視那渾噩的「死」和無聊的「生」。它將人推到非人的最後邊緣的同時，也將其「生」的意識放到「死」的地獄之火來灼烤。它第一次如此淋漓盡致地大膽裸露生命的軀體，讓它在紛擾繁殖的動物和沈寂陰慘的屠場與亂墳崗中舞蹈著，恰如魯迅的〈野草·墓碣文〉中「窺見死屍，

147

胸腹俱破，中無心肝。而臉上都絕不顯哀樂之狀，但朦朦如煙然」，而「抉心自食，欲知本味」時，面對死亡所顯示出的哲人的睿智和文化反省。它是一個失卻生命活動的民族，看著自身屍體時，「被大蠱惑，倏忽間記起人世，默想至不知幾多年，遂同時向著人間，發聲反獄的絕叫」（魯迅〈失掉的好地獄〉）[註3]。於是我們看到那些互相隔絕的人們逐漸靠攏、匯集，「一起向蒼天哭泣」，「共同宣誓」，「大群的人起來嚎啕」——在敵人的鐵蹄威脅下，人們也許是第一次發現彼此間有了休戚與共的命運。而那使「藍天欲墜」的吶喊——「我是中國人」，讓麻木如動物般的人們，第一次感到了人的尊敬、民族的尊嚴。我們古老的民族畢竟是有生命力的，它終於獲得一顆「猛壯」的、「銅一般凝結」的「心」。《生死場》從「死」的境地，逼視中國人「生」的抉擇，在熱烈的騷動後面，是比一潭死水還讓人戰慄、畏怯的沈寂和單調、孤獨和無聊，是一種「百年孤寂」般的文化懺悔和文明自贖。

而和《生死場》同屬姊妹作的《呼蘭河傳》，蕭紅寫的無疑是個悲劇，然而呼蘭河人的不以悲劇為悲劇的木然無謂，才是真正的悲劇。這正如同魯迅小說中的「無主名無意識的殺人團」——「無個性就是他們的個性，無思想就是他們的思想，無意識就是他們的意識，無目的就是他們的目的」，而且在任何情況下，他（她）們又總是「多數」的存在。古往今來，直接死於統治者屠刀下的人少，更多的卻死於「無主名無意識的殺人團」的不見血的「謀殺」之中[註4]。魯迅對他們曾「哀其不幸」、曾「怒其不爭」，而蕭紅則在他們對生死的漠然中，寫出了「幾乎無事的悲劇」。蕭紅在對歷史的思索，對國民

靈魂的批判，和魯迅有著心靈上的契
合！

　　一九三六年七月十五日的《魯迅
日記》寫著：「晚廣平治饌為悄吟餞
行」。（蕭紅為愛所苦，她要遠去日本，
許廣平親自下廚，為她做了幾樣小菜。）
臨別之夜，魯迅望著即將孤身遠行的
蕭紅，他憐愛地坐在藤椅上囑咐蕭紅：
「每到碼頭，就有驗病的上來，不要
怕，中國人就會嚇唬中國人，茶房就
會說：『驗病的來啦，來啦……』」蕭
紅凝神地聽著，但有誰料到，這竟是這
對宛如父女的最後訣別呢！三個月後的
十月十九日，魯迅逝世了，消息很快傳
到了日本。蕭紅在〈海外的悲悼〉文中
說：「二十一日的報上，我就渺渺茫茫
知道一點，但我不相信自己是對的……
我很希望我是看錯……雖然去的時候
是留著眼淚。……我想一步踏了回來，
這想像的時間，在一個完全孤獨了的人
是多麼可怕！……」。次年蕭紅返回上
海，她第一件事便是去看望魯迅的墓。
她寫下了〈拜墓詩——為魯迅先生〉，

魯迅先生之墓，1936年。

跟著別人的腳跡，
我走進了墓地，
又跟著別人的腳跡，
來到了你的墓邊。

那天是個半陰的天氣，
你死後我第一次來拜訪你。
我就在你的墓邊豎了一棵小小的花草，
但，並不是用以招弔你的亡魂，
只說一聲：久違。

我們踏著墓畔的小草，
聽著附近的石匠鑽著墓石的聲音，
那一刻，
胸中的肺葉跳躍了起來，
我哭著你，
不是哭你，
而是哭著正義。

你的死，
總覺得是帶走了正義，
雖然正義並不能被人帶走。

我們走出了墓門，

那送著我們的仍是鐵鑽擊打石頭的聲音，

我不敢去問那石匠，

將來他為著你將刻成怎樣的碑文？

蕭紅的《回憶魯迅先生》書影

蕭紅對魯迅的崇敬，使她下決心要用自己的筆描繪出魯迅的音容笑貌。一九三八年她先寫了〈魯迅先生記·一〉，接著又寫了〈魯迅先生記·二〉的文章。到了一九三九年，也就是魯迅逝世三週年時，她又用了全部心力寫了《魯迅先生生活散記》，後來重慶婦女生活社在一九四〇年七月出版單行本時，改名為《回憶魯迅先生》。真摯的情感和優美的文筆，使得蕭紅的《回憶魯迅先生》，不僅在所有魯迅回憶錄中獨領風騷、出類拔萃，就是在整個現代中國文學史上，也是一流的文學作品，我們看一段她描寫魯迅在夜間寫作的情形，就可見一斑——

蕭紅在香港

客人一走，已經是下半夜了，本來已經是睡覺的時候了，可是魯迅先生正要開始工作。在工作之前，他稍微闔一闔眼睛，燃起一支煙來，躺在床邊上，這一支煙還沒有吸完，許先生差不多就在床邊睡著了。（許先生為什麼睡得這麼快？因為第二天早晨六七點鐘就要起來管理家務。）海嬰這時也在三樓和保姆一道睡著了。

　　全樓都寂靜下去，窗外也是一點聲音沒有了，魯迅先生站起來，坐到書桌邊，在那綠色的檯燈下開始寫文章了。

　　許先生說雞鳴的時候，魯迅先生還是坐著，街上的汽車嘟嘟的叫起來了，魯迅先生還是坐著。

　　有時許先生醒了，看著玻璃窗口薩薩的了，燈光也不顯得怎麼亮了，魯迅的背影不像夜裡那樣黑大。

　　魯迅先生的背影是灰黑色的，仍舊坐在那裡。

　　人家都起來了，魯迅先生才睡下。

　　海嬰從三樓下來了，背著書包，保姆送他到學校去，經過魯迅先生的門前，保姆總是吩咐他說：「輕一點走，輕一點走。」

　　魯迅先生剛一睡下，太陽就高起來了。太陽照著隔院子的人家，明亮亮的；照著魯迅先生花園的莢竹桃，明亮亮的。

　　魯迅先生的書桌整整齊齊的，寫好的文章壓在書下邊，毛筆在燒瓷的小龜背上站著。

　　一雙拖鞋停在床下，魯迅先生在枕頭上邊睡著了。

　　蕭紅以女性作家特有的細膩觀察和罕見的天賦，描繪出魯迅極其生活化的一面，使人如臨其境、如見其人、如聞其聲、如感其情，她寫出一個活生生的魯迅。

一九四〇年十月，為了紀念魯迅逝世四週年，蕭紅又奮筆寫了大型啞劇《民族魂》，刊登在楊剛主編的香港《大公報》文藝副刊上。這個劇本共四幕，魯迅和他筆下的人物如阿Q、孔乙己、祥林嫂、單四嫂子等都出場了。儘管此時蕭紅的病體已很衰弱，但她的筆是永遠離不開魯迅的！

一九一一年蕭紅自中國最北方的城市──呼蘭縣走來，一九四二年她又在中國最南方城市的一角──香港淺水灣，寂然歸骨，總共才活了三十一個寒暑。這之於他人正是青春美麗的年華，而對於蕭紅，卻是追求、奮鬥、掙扎而又含恨而終的短暫、痛苦的一生。當日本人佔領香港時，蕭紅在半個月不到的時間裡，輾轉在四家醫院的病床中，捱不盡恐懼與病痛折磨，終於死在法國醫院設在聖士提反女校的臨時救護站。兩個男人──她愛的或愛她的，把她火化了。一九四二年一月二十五日的黃昏，她的骨灰被葬在淺水灣的海邊。五〇年代的淺水灣曾是喧鬧而優美的海水浴場，在博浪歡愉之際，人們大概記不起這裡的「藍天碧水永處」，曾經埋葬一顆早醒而寂寞的靈魂。就如同詩人筆下的感喟[註5]：

……

而漫長的十五年，

小樹失去所蹤，連墓木已拱也不能讓人多說一句。

放在你底墳頭的，

詩人曾親手為你摘下的紅山茶，

萎謝了，

換來的是弄潮兒失儀的水花。

淺水灣不比呼蘭河，

俗氣的香港商市街，

這都不是你的生死場……

蕭紅風風火火地從中國默默的北方一隅，跋涉到當日的文化中心
——上海，她來到魯迅的身邊，她以她年輕生命所煥發的才華光芒，
令當日文壇為之目眩。然後她經歷愛情上的悲歡離合，她寂寞悲苦的
逝去。她的一生有如曳著耀眼光芒的雷電，滾過密雲期的中國文壇，
是瞬間輝煌之後的一道虹彩；她在中國現代文學的記憶中，是鮮明的
永存的，當然在那呼蘭河畔，更有著她鮮活的身影。

　　一九三九年三月十四日，在大後方的蕭紅給許廣平的信談到魯迅
時說：「我們這裡一說起就是導師導師，不稱周先生，也不稱魯迅先
生，你或者還沒有機會聽到，這聲音是到處響著，好像街上的車輪，
好像簷前的滴水……。」而許廣平在〈追憶蕭紅〉文中：「每逢和朋
友談起，總聽到魯迅先生推薦，認為在寫作前途上，蕭紅先生是更有
希望的。」這些話語不是相互間的恭維，而是真正上的血脈相連。錢
理群就指出[註6]，在「寥如晨星」的女作家中，與現代文學的宗師魯迅
最為相知的，竟是最年輕的蕭紅。

註1、4、6：錢理群《精神的煉獄—中國現代文學從「五四」到抗戰的歷
　　　　　程》，廣西教育出版社，一九九六年

註2、3：皇甫曉濤《蕭紅現象—兼談中國現代文化思想的幾個困惑點》，天
　　　　津人民出版社，二○○○年

註5：盧瑋鑾〈寂寞灘頭〉，收入《香港文學散步》，香港商務印書館，一九
　　　九一年。

第十二章

永不消失的一家書店

——內山完造與魯迅

在魯迅逝世七十週年的前夕，我又來到上海的虹口區。在山陰路和北四川路交叉口，我們停了車，我要攝影師郭宏東拍下中國工商銀行的全景照片，他在疑惑之際，我要他把鏡頭一推，他明白了，鏡頭中出現的是「內山書店的舊址」。從書店到銀行，時間的過往，並沒有讓人們褪去記憶。因為那滄桑往事，讓人們久久盤旋，低迴不已。

在二、三〇年代上海的虹口區，有一家「內山書店」。書店的主人內山完造，一八八五年出生於日本岡山縣，十二歲那年在高小被退學後，跑到大阪去求職，從小伙計熬到一名商店的店員，二十七歲時皈依基督教，經京都教堂的牧師牧野虎次的介紹，他成了一名參天堂眼藥店的推銷員，並和井上美喜結了婚，後來他們夫妻倆從日本來到了上海，先在吳淞路義豐里一六四號的日本人家裡的二樓上，租了間房子，住了一段時間，後來他們搬到北四川路魏盛里的弄堂

裡。內山完造為了做眼藥的宣傳推銷工作而經常不在家，他為了讓妻子有個解解悶的副業，於是在他家門前開了這個書店，那是一九一七年。

　　剛開始書籍的數量有限，內容以宗教為主。後來開始經銷一般書籍。顧客可以在店中隨便取出書來翻閱，而且不分國籍，人人都可以賒帳，這些做法，都頗受到顧客的歡迎。名作家曹聚仁就有這樣的描述：「內山完造，成為我們的朋友，那是很久以前的事了。……他是一個和藹可親的人，他那內山書店，尤其使我們留戀不忍去。他那書店中，人手很少，顧客隨手翻書，甚至整天坐在那兒看，他也不厭惡的。這和我們進了中華書局的店堂，就有小伙計在後面盯梢，那樣惡劣的市儈作風，實在相差太遠了。有沒有人偷書呢？有的，我的一位朋友，就偷過內山書店的一本辭典。內山也明知道有人偷書的，但是他對我說：『愛偷書的人，他一有了錢，一定愛買書的。現在被偷，就等於放了帳。』他又說：『多用幾個職員來

魯迅與內山完造

看顧書架，不僅使人印象不佳；而且書被偷的損失，也不見得比多用職員更花錢些。」他真是通達人情的人。他的書店，很快成為我們這一群朋友打尖的好去處，他總是煮茶招待我們，有時也備一點點心。有些熟人，也在那兒可以碰到。那時候，有些成了問題的朋友，就在那兒作通信的地點。魯迅和郭沫若兩人，生前沒見過面，但他們都是內山的朋友。一個書店的老板，像他那樣，才算少一分市儈氣；倒因為這樣，他的書業比其他書店還發達些。我在商務、內山都是有欠帳的折子的，商務是滿了三百元，便前帳末清，免開尊口的；內山書店是逢季必有帳單，可是舊欠未清，新欠還是照樣掛起來。」

除此而外，內山完造還先後在書店辦起了「夏季講座」及「漫談會」。它成為一個誰都可以自由聚會、自由交談的文藝沙龍，而為人們所喜愛。在「漫談會」中露面的中國人，以留日的居多，有田漢、歐陽予倩、鄭伯奇、謝六逸等人，不久郁達夫和郭沫若也來了。

內山書店外景

內山書店內景

內山完造後來還發行了機關刊物《萬花筒》，他並以「鄔其山」的筆名（案：「鄔其」為日語「內」字的譯音）寫些漫談文章。一九二六年日本名小說家谷崎潤一郎第二次訪問上海，他透過內山完造，和郭沫若、田漢、歐陽予倩、謝六逸、王獨清、陳抱一、傅彥長、汪馥香、郁達夫等幾位作家、詩人、劇作家、畫家有過交流[註1]。而次年夏天，內山完造通過谷崎潤一郎的介紹，結識了應田漢之邀，偕同家眷來中國旅行的日本名小說家佐藤春夫。如同對待谷崎一樣，內山完造為了讓他會見中國的作家而四處奔走。在郁達夫一九二七年七月十二日的日記中就記載著「與王獨清、鄭伯奇及青年文學愛好者，會見前來上海訪問的日本作家佐藤春夫。」

一九二七年十月三日，魯迅和許廣平從廣州來到上海。他先在愛多亞路長耕里的共和旅館脫掉行裝歇歇腳，五天後便在東橫濱路景

魯迅參加漫談會：前排左起田漢、郁達夫、魯迅、歐陽予倩；後排左起第二人為鄭伯奇、右起第一人為內山完造。

雲里二弄二十三號開始和許廣平共築愛巢。之所以選在景雲里是因為三弟周建人的關係,當時周建人、葉聖陶、茅盾都住在景雲里一弄。而在兩天後即十月五日,魯迅便到過內山書店,當天內山因推銷眼藥外出,他們倆在一起交談是在十月八日那天下午。內山後來在〈回憶魯迅先生〉文中說:「過了不久,有一位總是跟兩三個同伴一塊兒來的人,映入了我的眼簾,他身穿一件藍色衣衫,個子不高,但走起路來很有特點,鼻子下面留著一撮又黑又濃的鬍子,有著一雙水晶般明澈的眼睛,儘管身材矮小,卻又使人感覺十分高大。記不清是什麼時候了,有一天,這位先生一個人來了,他挑好了各種書籍之後,在長椅子上坐了下來,一邊喝著內人遞過去的茶水,一邊點著一支香煙,操著一口漂亮的日語,指著挑選好的那幾本書,說:『老闆,請您把這幾本書給我送到寶樂安路景雲里乂乂號去。』我現在記不清他家的門牌號碼了。當時我隨即問了一句:『請問貴姓大名?』『我叫周樹人。』『啊,您就是魯迅先生?您的大名我早就聽說過。我還知道您已經從廣東來到了這裡,只是我從未與您見過面,失禮了。』從此,我跟魯迅先生的交往便開始了。」

關於內山,許廣平在《魯迅回憶錄》中有這麼一段話:「記得到過魏盛里幾次之後的某一天,內山先生說道,郭沫若先生曾住過他的店內。到後來日子一久,了解的更多了,郭先生住在日本,每有寫作寄回中國,都是內山先生代理。內山先生這種為避難的中國朋友,盡其一臂之助的高貴友誼,我們很早就知道,而在一九三〇年三月,魯迅因參加左翼作家聯盟成立大會之後,被人追蹤,空氣極度緊張時,內山先生對郭先生的那種友誼,也同樣用到魯迅的身上,同樣地給與

郭沫若

避難場所達一個月之久。」其中關於郭沫若的事,是指一九二七年四月十四日,在北伐途中擺脫了蔣介石的控制,郭沫若冒險來到上海尋找共產黨組織。他與同去的辛煥文相約在內山書店碰頭。當身穿長袍馬褂、頭帶瓜皮帽,化妝成豪紳的郭沫若剛跨進書店,內山一眼就認出了,驚駭得眼都睜圓了。他一把拉過郭沫若,趕緊引到偏僻的地方,詳細介紹了兩天前「四‧一二」大屠殺的情景。郭沫若也毫不隱諱地講了他反蔣的態度。內山夫人把郭帶到樓上,又急忙買來煙和飯菜來招待已經餓了一天的客人。內山則在樓下顧店,一面警戒著。直到次日李一珉來接走郭沫若,內山夫婦猶苦口挽留,擔心他出外危險,郭沫若婉言謝絕了,內山夫婦一直把他送上了汽車^{註2}。

　　同年十一月初 ,郭沫若從香港輾轉回到上海,又一次避難於內山書店。當時蔣介石正懸賞三萬元通緝他,內山可說是冒著生命危險來接待郭沫若。不久,郭沫若在寶樂安路,租了一棟周圍

魯迅避難於內山寓所時合影

都是日本僑民的弄堂小屋,潛伏下來,
內山經常給他送東西來。一九二八年二
月二日,郭沫若把剛出版由他翻譯的
《浮士德》送到內山書店,第二天,內
山親自來到郭的住處,並送了兩瓶葡萄
酒,作為慶賀《浮士德》出版的禮物。
就在同一月,國民黨政府又發出追捕
郭沫若的第二號通緝令,使得郭沫若不
得不亡命日本。臨上船的前一天,突然
有朋友趕來相告,說國民黨龍華警備司
令部已探聽到他的地址,要來抓他。在

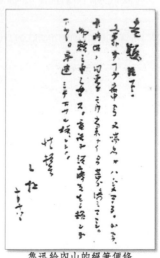

魯迅給內山的絕筆便條

這萬分緊急的關頭，郭沫若匆忙趕到內山書店，由內山完造帶到一家日本人開的八代旅館躲了一夜，第二天才得以安全上船。在碼頭送行的，也僅有內山一人。

而一九三〇年二月十三日，「自由運動大同盟」一成立，國民黨的浙江省黨部即向中央政府要求逮捕魯迅，並稱他為「墮落文人魯迅……」，對「大同盟」實行鎮壓。三月十九日魯迅不得不離家出走，以躲避被捕的危險。魯迅到位於北四川路盡頭的內山書店（案：書店於一九二九年底從魏盛里的小巷遷至此地。）避難一個月之久。次年一月十七日，柔石等被捕，魯迅也上了黑名單，他經內山協助，避居日本人的旅館。一九三二年上海「一‧二八」事變後，魯迅再度避居內山書店。次年六月廿日及一九三四年八月間，又兩度到內山家避難。

魯迅逝世前最後的遺墨，是給內山完造的便條，那是一九三六年十月十八日，便條這麼寫著：「老闆几下：沒想到半夜又氣喘起來。因此，十點鐘的約會去不成了，很抱歉。　拜託你給須藤先生掛個電話，請他速來看一下　草草頓首　L拜　十月十八日」。魯迅在晚年一生病，就要麻煩內山，便條中要他打電話給須藤五百三醫生，須藤是魯迅晚年最信任的日本醫生。內山在接到通知後馬上趕來了，並帶來治哮喘的藥，隨後須藤醫生也趕到了，給他注射，但病情未見好轉，只見兩手指甲發紫，雙足冰冷，次日凌晨五時廿五分，魯迅去世了！據作家黃源説：「許廣平先生這時處在極度悲哀中，有些事就不去打擾她，因此種種聯繫的事，都通過我辦了，日本方面的關係都是通過內山先生去辦的。」內山還名列九名治喪委員會之一。

魯迅逝世後，許廣平及海嬰繼續受到內山的關照。一九四一年十

二月八日太平洋戰爭爆發，十五日清晨，在上海淪陷區，一群荷槍實
彈的日本憲兵突然闖進許廣平的住宅，將她抓走，並搜走一批書信和
魯迅一九二二年的一冊日記，他們想從許廣平的身上打開一個缺口，
尋找上海抗日知識份子和出版家的線索。許廣平在日本人的監獄中，
嘗盡了打、罵、踢、鞭撻、通電流等種種酷刑，但她堅不吐實。而事
發後，年僅十二歲的周海嬰，從親戚家打電話給內山，內山給憲兵隊
寫了申請，並願負責擔保，經過七十六個黑暗的日日夜夜，日本人終
於將許廣平釋放。這其中內山盡了最大的營救力量，而同時他也救出
了開明書店的老闆章錫琛與總編輯夏丏尊等人。

　　一九四五年一月十三日，內山夫人井上美喜，不幸去世，遺體葬

內山夫婦在書店的情景

於上海萬國公墓。同年八月十五日，日本宣布無條件投降。九月二十三日，上海內山書店結束營業。一九四七年年底，由於國民政府的驅逐，內山全家遷回日本。一九五三年二月，擔任日中友好協會副會長的內山訪問北京，他見到了老朋友郭沫若，也到上海萬國公墓弔唁前妻。一九五五年十二月，郭沫若帶領中國訪日科學代表團到日本，內山熱情招待，自始至終陪同郭沫若等人參觀遊覽，探訪親友。他與郭一同到別府觀看「血池地獄」，一起到鎌倉東慶寺參拜岩波茂雄墓地（案：在郭沫若回國後，留在日本的妻子安娜和孩子的生活，得到岩波很大的幫助）。一九五六年十月十九日，魯迅逝世二十週年紀念會在北京召開，內山應邀參加。後又到上海虹口公園新建的上海魯迅紀念館參觀。一九五九年九月間內山應邀至北京，擬參加中華人民共和國建國十週年慶，不幸於九月二十日因腦溢血病逝北京協和醫院。按其遺願，十月二十六日其一半骨灰送到上海萬國公墓與其前妻合葬。他永遠安息在他魂牽夢縈的上海。他夫婦的基碑刻著夏丏尊的題詞：「以書肆為津梁，其文化之交互，生為中華友，歿作華中土。吁嗟乎，如此夫婦。」

曾是參天堂眼藥的推銷員，小學都沒有畢業，卻因緣際會地成為中國人民的老朋友，由於廣泛接觸大江南北各階層的中國人，他得以對中國有細緻的觀察和深入的瞭解。他開書店使得自己得以博覽群籍，他舉辦「漫談會」，在彼此交流探討中，形成他自己的中國觀。於是他在一九三五年十二月由日本東京學藝書院出版《活中國的姿態》（原名《支那漫談》）一書。他從鮮活的現實生活出發，注重中日文化的對比，觀察細緻，立意深刻，充分揭示了中國人的國民性。魯

迅特意為這本書用日文作序，並高度
稱讚該書：「著者的用心，還是在將
中國的一部份的真相，介紹給日本的
讀者的。」這是魯迅一生中唯一一次為
外國朋友的書作序，而內山則把魯迅的
序言稱為「天下一品」。該書後來由尤
炳圻翻譯成中文，改名為《一日本人的
中國觀》，一九三六年八月由上海開明
書店出版。後來內山完造又陸續出版了
幾本記錄中國見聞的隨筆集：《上海漫
語》、《上海夜語》、《上海風語》、
《上海霖語》、《上海汗語》以及他六
十歲時寫的自傳《花甲錄》等。

魯迅與內山完造，1935年10月21日。

　　半個世紀過去了，多少滄海桑田，
不僅「內山書店」早已不存在了，就連
內山本人，也已故去四十餘載了。但當
人們到了虹口公園參拜魯迅的墓園時，
總不免要探詢這曾經掩護魯迅、郭沫若
等文化名人的書店，當然最早的四川北
路魏盛里的書店，已無跡可尋了。而後
來搬到四川北路山陰路口的舊址，在一
九八〇年被列為市級文物保護單位，並
勒石紀念：「內山書店舊址（一九二九

魯迅應內山之邀所攝，1936年2月11日於上海
新月亭。

內山書店舊址
（郭宏東攝）

中國工商銀行外景（郭宏東攝）

——一九四五），書店係日本友好人士
內山完造先生所設。魯迅先生於一九二
九至一九三六年常來本店買書、會客，
並一度在此避難。　　上海市人民政府
一九八一年九月立　　」。

　　而幾度風雨幾度秋，現在的舊址，
已改建成中國工商銀行山陰路儲蓄所
了，早在四年前我在二度拍攝魯迅紀
錄片時，在尋覓內山書店失望之餘，
我卻在銀行的二樓，看到特闢的「內
山書店紀念室」，陳列著有關魯迅與內
山兩人的事跡資料。在感動之餘，我在
陳列室的留言冊，寫下感言，日期是：
2002.10.15。四年後的今天，當我推

開銀行的大門，就看到當年接待我的陳瑞裕先生，不用多加言語，兩人就像老友地閒話著。他帶著我參觀陳列室，較之四年前又擴大規模了，多了一間仿舊的書房。更多的書籍、照片展品，伴著內山完造夫婦笑容可掬的巨幅照片，迎接著每一位參觀者。瞬時之間，似乎這書店並未曾消失，而內山的事跡與形象，又浮現在人們的腦海中！

內山書店紀念室（郭宏東攝）

註1：尾崎秀樹（日）《三十年代上海》（賴育芳譯）譯林出版社，一九九二。

註2：魏奕雄〈郭沫若與內山完造交情瑣談〉收《郭沫若在上海》，上海社會科學院出版社，1994。

第十三章

魯迅也喜歡北大校花嗎？

在三〇年代全國最高學府——北京大學，有位校花，她名叫馬珏。是北大教授馬裕藻（幼漁）的愛女，人長得高躰而漂亮。當時還流行一句話說，馬裕藻對北大有啥貢獻？最大的貢獻就是為北大生了個漂亮的女兒。話雖然有些刻薄，但也是實情。而在眾人都在迷戀這位校花時，也傳出大名鼎鼎的魯迅，也被名列其中。其實魯迅應該是更早就認識她了。

魯迅所大力提拔的「未名社」的作家李霽野晚年在回憶魯迅的一篇短文〈從細小處見精神——紀念魯迅先生逝世五十週年〉的文章說：「……我又想起先生一位老友的女兒喜歡讀先生的著作，並寫了一篇初見印象記，先生看了很喜歡，以後每有新著，一定送給她一本。」李霽野並沒有指明這位女孩是誰，她就是馬珏。

馬珏，浙江鄞縣人，父親馬裕藻，母親陳德馨。一九〇三年父母雙雙考取官費留學

魯迅愛過的人

北大校花馬珏

一九二五年的魯迅

日本，父親在日本帝國大學和早稻田大學就讀，母親進日本目白女子大學學博物，經過七年苦讀，一起畢業。一九一〇年馬珏出生於東京，在日本期間馬裕藻曾與魯迅等人一起聽章太炎講文字音韻學。一九一一年馬裕藻回國後，擔任浙江教育司視學。一九一三年至一五年任北京大學教授、研究所國學門導師，講授文字音韻學。一九二一年任北大國文系主任，一九二〇年八月六日，《魯迅日記》云：「晚馬幼漁來送大學聘書。」是兩人共事於北大之始。

馬珏晚年在〈女兒當自強〉一文中，這麼回憶著：「魯迅先生一度在北大任教，與我父親是同事，他們性格相投，過從甚密。魯迅先生經常來我家作客，與父親一談就是半天。」在一九二五年間，年僅十五歲的馬珏寫下了〈初次見魯迅先生〉一文，文章以稚氣的口吻先寫她從魯迅的作品中得來的對魯迅的印象：「看了他的作品裡面，有許多都是跟小孩說話一樣，很痛快，一點也不客氣；不是像別人，說一句話，還

要想半天，看説的好不好，對得起人或者對不起人。」所以想「大概
同小孩差不多，一定是很愛同小孩在一起的。」及見魯迅「穿了一件
灰青長衫，一雙破皮鞋，又老又呆板，並不同小孩一樣」，「手裡老
拿著煙卷，好像腦筋裡時時刻刻都在那兒想什麼似的。」，又見「衣
架上掛了一頂氈帽，灰色的，那帶子上有一絲一絲的，因為掛得高，
看了不知是什麼，踮起腳來一看，原來是破的一絲一絲的。」，「魯
迅先生忽然問我道：『你要看什麼書嗎？《桃色的雲》你看過沒有？
這本書還不錯！』我搖了搖頭，很輕地説了一句『沒有』。」而這
次魯迅和馬裕藻聊得蠻長的時間，馬玨一直等著要送客，等過了下午
五點到了六點，魯迅都沒有要走，「……這時聽見椅子響，皮鞋響，
知道是要走了，於是我就到院子裡來候著。一會兒，果然出來了，父
親對我説：『送送魯迅先生呀！』魯迅又問我父親道：『她在孔德幾
年級？』我父親答了，他拿著煙卷點了點頭。我在後頭跟著送，看見
魯迅先生的破皮鞋格格地響著，一會回過頭來説：『那本書，有空叫
人給你拿來呀！』我應了一聲，好像不好意思似的。一會送到大門口
了，雙方點了一點頭，就走了。我轉回頭來暗暗地想：『魯迅先生就
是這麼一個樣兒的人啊！』」

　　〈初次見魯迅先生〉刊登於一九二六年三月的《孔德學校旬刊》
上，那是馬玨所就讀的學校刊物。馬玨晚年回憶道：「不久，魯迅
先生來孔德學校，讀到那期《孔德旬刊》，我沒想到，先生看到我
那篇小文章後，十分高興。他誇我寫得好，説我寫的都是實話。後
來先生把它收進了他親自編選的《魯迅著作及其他》一書中。他還送
書給我。過了幾天，父親還帶我去八道灣魯迅家去玩。從那時起，魯

迅先生到我家，常問起我；如果我在，便和我説幾句話。我們還多次通信。根據《魯迅日記》的記載，我向魯迅先生請教的信和魯迅先生的回信自一九二六年元月三日至一九三二年十二月十五日，通信持續六、七年之久。一九二六年元月三日魯迅先生在日記中寫道：『夜，得馬珏小姐信。』這封信是我對元月一日先生寄贈《痴華鬘》一書的道謝信，信中也表達了對先生敬慕和渴望指教的熱烈願望。魯迅先生總是循循善誘，誨人不倦。他幾乎每信都回。非常令人痛惜的是我珍藏的那些魯迅的親筆信，在三〇年代初白色恐怖中被燒毀了。」

今查《魯迅日記》中記有馬珏者，共有五十三次之多，其中馬珏給魯迅信有二十八封，而魯迅回信有十三封，另有送書，所送的書有《痴華鬘》、《唐宋傳奇集》、《思想‧山水‧人物》、《藝苑朝華》（兩期）、《奔流》（一期）、《美術史潮論》、《新俄畫選》、《勇敢的約翰》、《墳》等。《痴華鬘》是王品青一九二五年所校點的，王品青是河南濟源人，一九一九年考入北京大學理預科，一九二一年升入該校物理系，一九二五年畢業。後任北京孔德學校教員，他愛好文藝，接近魯迅。他校點《痴華鬘》，魯迅欣然為之作題記，另錢玄同為之題簽，一九二六年六月由北新書局出版，書出版後魯迅即到送了馬珏一本。而《思想‧山水‧人物》原是日本作家鶴見祐輔的散文隨筆集，由魯迅翻譯出版的。

馬珏又回憶道：「大約在一九二六年，我開始考慮起兩年後報考大學的志願來，不知怎的，我很想學農，就去問父親。父親説：『魯迅先生不是説有問題去問他麼。你去請教請教他嘛。』於是，我給魯迅先生寫了『我將來學什麼好』的信。兩天後，我高興地收到了魯迅

的回信,信中説:『你自己想學什麼,先要跟我談談』。我立即如實地把學農的志願告訴了他。覆信接到也很快。魯迅先生在信中熱情支持和鼓勵道:『女孩子學農的不多,你想學,我贊成。』」一九二八年春,馬珏考入北京大學預科,一九三〇年轉入政治系本科。對於她後來上政治系,完全因為父親的關係,父親讓她上政治系,二妹馬琰上法律系,是認為「中國婦女地位最低,你們出來要為爭取女權做些事情。」他還對馬珏説:「你出來可以當公使。過去當公使的都是男的,他們帶夫人出國。你開個頭,由女的當公使,你帶丈夫去赴任嘛。」又對二妹説:「你可學習法律,將來就是離婚,也可以保護自己的權益。」

一九二九年五月十七日,魯迅從北平給上海的許廣平寫信中説:「……今天下午我訪了未名社一趟,又去看幼漁,他未回,馬珏因病進了醫院許多日子了。……」到了五月二十九日,他給許廣平的信又提到:「…晚上是在幼漁

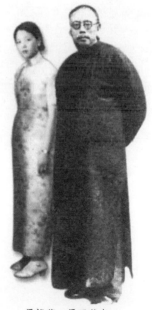

馬裕藻、馬珏父女

馬珏的風景照

家裡吃飯,馬珏還在生病,未見,病也不輕,但據說可以沒有危險。…」魯迅對馬珏是十分關愛的,馬珏後來才讀到《兩地書》的這些文字,她表示十分地感動。馬珏還說,魯迅先生在百忙之中還為我起了個號,後來覺得字過於生僻,就通過父親轉告我,可寫成大家都認識的『仲服』。稱仲,是因為我排行第二。

馬珏長得非常漂亮,在北大被稱為「校花」。今年二月間方才作古的散文名家張中行先生在《負暄三話》一書中,就有一篇文章談馬珏的,他說:「我一九三一年考入北大,選中國語言文學系,系主任馬幼漁先生是馬珏的父親;馬珏在政治系上學,有一項了不得的帽子,『校花』。人,尤其是年輕人,常情,水做的怎麼樣說不清楚,泥做的都愛花,如果還大膽,並願意築金屋藏之。誠如我所見,上課,有些人就盡量貼近她坐,以期有機會能交談兩句,或者還想『微聞香澤』吧;以及她後來的文中所說,常常接到求愛求婚的

信。」

而馬珏在〈北大憶舊二題〉中回憶：「六十年前我正好十八歲，當時女生很少，所以我顯得很突出。記得上第二外語時，課間休息，我到女生休息室去回來，見我書桌上寫著『萬綠叢中一點紅』，我一見很生氣，也不知誰寫的，就用紙擦掉了。第二次再上課時又見上面寫著『杏眼圓睜，柳眉倒豎』。我又擦了。不但有這種『題詞』，還常接到來信。……來信絕大多數是普通信格式，大意是要求通信做朋友，充滿敬慕之詞。有一個裝訂成本的給我印象很深，一共兩本，一本給馬先生，一本給馬小姐，內容從不知我的名『珏』字怎麼唸說起，然後介紹自傳，直至求婚。還有一個經常來信而不署名，發信地址又老變的，我也留下了印象。」當時北大的學生選馬珏為花王，《北洋畫報》也多次報導，她的照片更是兩次登上封面，聽說情書每天接到十餘封 。

一九三二年十一月十三日魯迅從上海返回北京探視母病，馬氏父女曾來

《北洋畫報》中的馬珏

馬珏與楊觀保結婚照

許廣平在女師大

看他，魯迅銘感之，他在十一月二十日給許廣平的信就說：「這種老朋友的態度，在上海勢利之邦是看不見的。」一九三三年三月十三日魯迅在上海「得幼漁告其女珏結婚柬」。馬珏嫁給天津海關職員楊觀保，在當時又是一件盛事，《北洋畫報》還刊登了他們的結婚照。據說楊觀保與馬珏相識已久，他對馬珏頗為忠懇，每星期返平一次，經過長期交往，終獲佳人芳心。但又有一說，指楊君能贏得美人歸是疑有天助者，即此時有謠言發生，馬珏不堪同學之譏笑，於是毅然與楊君結婚，當時馬珏都還沒有畢業。

十幾天後，魯迅在給臺靜農的信中說：「今日寄上《蕭伯納在上海》六本，請分送霽（李霽野）、常（常惠）、魏（魏建功）、沈（沈觀，沈兼士的兒子），還有一本，那時是擬送馬珏的，此刻才想到她已結婚，別人常去送書，似乎不太好，由兄自由處置送給別人罷。《一天的工作》不久可以出版，當仍寄六本，辦法同上，但一本則仍送

馬小姐，因為那上本是已經送給了她的。倘住址不明，我想，可以託幼漁先生轉交。」

對於馬珏的結婚，魯迅不再送書給她的事，李霽野也説：「一次送書給我們時，他託我們代送一本給她，我談到她已經結婚了，先生隨即認真地説，那就不必再送了。」李霽野説他當時認為魯迅太過於小心了。而後來他知道周作人的夫人羽太信子污衊魯迅對她無禮，而導致兄弟失和的創傷之巨，因此導致出他過度的「防範意識」。但這種解釋還是過於牽強，我們從整體觀之，魯迅是喜歡馬珏的，由於她的外貌加上她的聰慧，但更多的是父執輩的關愛，而非男女之情。尤其在認識馬珏前後，許廣平也進入了他的視野，而且兩人由師生關係逐漸發展為男女關係，這其中魯迅考慮很多，甚至都猶豫過。馬珏是好友馬裕藻的女兒，設若魯迅對其有意，那不是更要遭受世人異樣的眼光嗎？但「美好記憶的憧憬」是存在魯迅的心中，也因此一旦它突然失落，是會有點恍然若失的感覺，這或許他不再送書或寫信的原因吧。

登山 先生：

　　您好！收到六月二十五日賜函及兩頁剪報，十分感謝。使我能更多瞭解對鄙小書的各種反映。

　　您的大作，我讀了兩遍。內人也讀了。這篇文章寫了大陸學者沒有落筆的地方，也許他們有什麼不便和顧忌吧！您如若有文章發表，請源源不斷賜來。

　　關於電影《夏伯陽》，是觀看了二次。鄙文中沒有表述清楚，謝謝指出。

　　如有機會，將愉快的在北京相晤。請代問候　雷驤先生。草草簡復，順祝

　　夏祺

　　　　　　　　　　　　　　　海嬰
　　　　　　　　2002.7.5 上午八時於木樨地寓

周海嬰先生致本書作者的信函

註：　信中所說的兩頁剪報是指—〈最是傷心憶往事—周海嬰的回望魯迅家族〉一文，當時發表於二〇〇二年六月二十四日《臺灣日報》副刊上，分兩天刊出。刊出後我於六月二十五日寄給海嬰先生。至於信中所說的文章則是—〈還歷史一個真實——讀《魯迅與我七十年》有感〉一文。
另同年八月初，我們相晤於北京，見面時再呈上〈父子情—兼談魯迅死於須藤誤診之說〉，請海嬰先生指正。

《魯迅愛過的人》感謝圖片提供者

1.魯　迅：周海嬰先生
2.周作人：周豐一先生、鮑耀明先生
3.臺靜農：臺益公先生
4.曹聚仁：曹雷女士
5.外景拍攝：郭宏東先生

國家圖書館出版品預行編目

魯迅愛過的人 / 蔡登山著. -- 一版. -- 臺北市：
秀威資訊科技，2006[民95]
　　面；　公分. --（史地傳記類；PC0011）

　　ISBN 978-986-6909-25-2（平裝）

　　1. 周樹人 - 傳記

782.884　　　　　　　　　　　　　95025552

 史地傳記　PC0011

魯迅愛過的人

作　　　者／蔡登山
主　　　編／蔡登山
發 行 人／宋政坤
執行編輯／詹靚秋
圖文排版／莊芯媚
封面設計／莊芯媚
數位轉譯／徐真玉、沈裕閔
圖書銷售／林怡君
網路服務／徐國晉
法律顧問／毛國樑律師
出版印製／秀威資訊科技股份有限公司
　　　　　台北市內湖區瑞光路583巷25號1樓
　　　　　電話：02-2657-9211　傳真：02-2657-9106
　　　　　E-mail：service@showwe.com.tw
經 銷 商／紅螞蟻圖書有限公司
　　　　　台北市內湖區舊宗路二段121巷28、32號4樓
　　　　　電話：02-2795-3656　傳真：02-2795-4100
　　　　　http://www.e-redant.com

2007年2月BOD一版、2007年4月BOD二版
定價：220元

讀　者　回　函　卡

感謝您購買本書，為提升服務品質，煩請填寫以下問卷，收到您的寶貴意見後，我們會仔細收藏記錄並回贈紀念品，謝謝！

1. 您購買的書名：_____

2. 您從何得知本書的消息？

　　□網路書店　　□部落格　　□資料庫搜尋　　□書訊　　□電子報　　□書店

　　□平面媒體　　□ 朋友推薦　　□網站推薦　□其他_____

3. 您對本書的評價：(請填代號　1.非常滿意 2.滿意 3.尚可 4.再改進)

　　封面設計____　　版面編排____　　內容____　　文/譯筆____　　價格____

4. 讀完書後您覺得：

　　□很有收獲　　□有收獲　　□收獲不多　　□沒收獲

5. 您會推薦本書給朋友嗎？

　　□會　　□不會，為什麼？_____

6. 其他寶貴的意見：_____

_____

_____

_____

讀者基本資料

姓名：_____　　年齡：_____　　性別：□女 □男

聯絡電話：_____　　E-mail：_____

地址：_____

學歷：□高中(含)以下　　□高中　　□專科學校　　□大學

　　　□研究所(含)以上 □其他_____

職業：□製造業 □金融業 □資訊業 □軍警 □傳播業 □自由業

　　　□服務業 □公務員 □教職　　□學生 □其他_____

To：114

台北市內湖區瑞光路 583 巷 25 號 1 樓

秀威資訊科技股份有限公司　　　收

寄件人姓名：

寄件人地址：□□□

（請沿線對摺寄回,謝謝!）

秀威與 BOD

BOD（Books On Demand）是數位出版的大趨勢，秀威資訊率先運用 POD 數位印刷設備來生產書籍，並提供作者全程數位出版服務，致使書籍產銷零庫存，知識傳承不絕版，目前已開闢以下書系：

一、BOD 學術著作—專業論述的閱讀延伸
二、BOD 個人著作—分享生命的心路歷程
三、BOD 旅遊著作—個人深度旅遊文學創作
四、BOD 大陸學者—大陸專業學者學術出版
五、POD 獨家經銷—數位產製的代發行書籍

BOD 秀威網路書店：www.showwe.com.tw
政府出版品網路書店：www.govbooks.com.tw

永不絕版的故事・自己寫・永不休止的音符・自己唱